영어
하브루타
공부법

자녀와 함께 대화로
두뇌를 디자인하는 **영어
하브루타
공부법**

오혜승 지음

다온북스
DAON BOOKS

차례

2장 아이의 미래를 바꾸는 영어 하브루타

3장 엄마와 대화하며 공부하는 영어 하브루타 실천법

수준별 영어 하브루타 공부법

꿈을 이루다, 하브루타 메이커

교육은 그대의 머릿속에 씨앗을 심어주는 것이 아니라, 그대의 씨앗들이 자라나게 해주는 것이다.

— 칼릴 지브란

아이를 위해 시작한 영포자의 영어 공부

"선생님, 우리는 왜 영어를 배워야 해요?"

지난 16년간 아이들을 가르치면서 수없이 들어본 질문이다. 당연히 왜 우리가 영어를 배우는가에 대해서 자세히 설명해 줄 수 있지만, 아이들이 내게 물었을 때 그 의미는 "영어 배우는 게 왜 이렇게 힘든가요?"이다. 우리는 왜 항상 영어 앞에서 주눅이 들까? 영어를 할 줄 알면, 어깨에 힘이 들어가고 선망의 대상이 되는 이유는 무엇일까?

나는 학창 시절에 영어를 잘하지 못했다. 오히려 영어 때문에 학교 가는 것이 너무 괴롭고 무서웠다. 중학교 3학년 때 이미 영포자(영어를 포기한 사람)였고, ─ 나는 중학교 1학년 때 처음으로 영어를 배웠다 ─ 대학에 가서도 정말 운 좋게 교양과목이던 영어를 간신히 피해서 무사히 졸업하는 데 성공했다.

나에게 영어란 공포였다. 그래서 영어라는 말만 들어도 숨이 막힐 만큼 두렵고, 글을 읽어도 무슨 말인지 전혀 이해할 수 없었다.

그러던 내가 아이를 낳고 보니 내 아이만큼은 '영어를 잘할 수 있었으면' 하는 마음이 들었다. 그날부터 나는 영어 관련 도서를 끊임없이 읽었다. 그러다 영어학습으로 시작하게 된 것이 아동용 영어 원서였다.

내 삶을 바꾼 계기가 되다

나는 큰아이가 4세가 될 때부터 영어 원서를 읽어주기 시작했다. 하지만 어릴 적부터 자연스럽게 영어를 접한 아이들은 거부감이 없을 것이라는 내 기대와 다르게 아이는 시간이 지날수록 영어를 거부했다. 어쩌면 내가 조급함을 버리고 아이의 반응을 살펴 가며 천천히 읽어주었더라면 엄마와 함께하는 영어책 읽기를 그리 싫어하지 않았을지도 모른다. '무식하면 용감하다'라는 말처럼 내 마음만 앞선 영어 원서 읽기는 결국 실패했다.

그래도 좋은 점은 있었다. 내 아이의 영어 실력을 내가 한번 키워보겠다는 목표는 이루지 못했지만, 조금씩 읽어둔 영어 원서 책 읽기는 내 삶을 바꿔놓는 계기가 되었다. 어느 날 유치원에서 영어 그림책을 읽어주는 스토리텔러가 된 것이다.

그때 내가 아이에게 처음 책을 읽어주기 전에 했던 방법은 그림이 재미나고 한두 줄의 문장이 있던 《Oxford Reading Tree:stage 1+》 책으로 음원을 들어가며 원어민 억양을 흉내 내어 따라 읽었고, 끊임없이 나만의 문장을 만들어 아이가 내 앞에 있다고 상상하며 영어로 질문하고 답하기를 반복했다. 어느 정도 질문에 익숙해질 때쯤엔 그림을 세세히 관찰하여 재미난 부분을 찾아 묘사하기도 했다.

그렇게 시작한 영어훈련은 지금까지 나와 뗄 수 없는 관계가 되었다.

영어를 습득하는
최고의 방법

나는 우리처럼 영어를 외국어로 배워야 하는 환경에서 가장 중요한 것이 '영어독서'라고 생각한다. 영어독서만큼 풍부한 상상력과 재미, 그리고 수많은 어휘와 문장들을 대량으로 접할 수 있는 도구는 없다고 생각하기 때문이다.

그런데, 내 아이는 왜 실패했을까? 그 이유를 '하브루타'에서 찾았다. 큰아이의 관심이나 성향은 무시한 내 중심적인 영어책 읽기는, 내가 학창 시절 영어 시간에 느꼈던 것처럼 엄청나게 고통스러운 시간이 되었을 수도 있다는 점을 말이다. 하브루타를 하면서 영어교육 관련 도서를 다시 읽어보니, 오로지 엄마의 힘으로만 아이의 영어 자립을 성공시킨 엄마들에게 공통점이 있다는 것을 알게 되었다. 그것은 남과 비교하지 않고 그저 옆에서 아이와 대화하며 끊임없이 격려하고 지지했다는 것이다. 어찌 보면 너무나 당연한데, 나는 그것을 모르고 단순하게 따라 하려고 했었다.

그래서 다시 시작하기로 했다.

하브루타가 아이의 생각을 듣고 질문하고 토론하고 함께 공부하는 최고의 방법이니 영어학습에 접목해 보자! 그러자 놀라운 일들이 벌어졌다. 그전에도 나는 제법 아이들에게 영어를 잘 가르쳐 주는 강사였지만, 하브루타를 하니 아이들의 영어 실력 향상뿐만 아니라 도전을 주는 강사가 되어있었다. 특히 감사한 것은 아이들과 소통할 수 있는 계기를 마련해 준 것이다. 진심 어린 조언이 담긴 지속적인 대화는 영어를 강요받아 온 아이들의 마음을 열게 했고, 아이들은 자기 주도적으로 해 보겠다는 학습 의지가 생겨났다. 그 소통의 대가는 내게 너무나 큰 선물로 다가왔다.

올바른 방향으로
나아가는 계기

내가 이 책에서 말하는 영어 하브루타가 그동안 영어를 지도하던 사람들이 보기에 당연하고 그리 독특하지 않은 것일 수 있다. 그리고 내가 한 방법이 무조건 최고라고 할 수도 없다. 다만 '나는 한 권의 책을 책꽂이에서 뽑아 읽었다. 그리고 그 책을 꽂아 놓았다. 그러나 이미 나는 조금 전의 내가 아니다'라고 한 앙드레 지드 Andre Gide 의 말처럼 이 책을 다 읽은 후엔 너무나 당연한 것을 몰라 아이를 힘들게 하는 나 같은 사람이 없기를 바란다. 그리고 스스로 영어학습의 올바른 방향을 향해 나아갈 수 있는 작은 계기가 되길 바란다.

여기 아이들에게 영어를 알아가는 즐거움을 선사하고 부모도 가정에서 적용해볼 수 있는 효과적인 방법이 있다.

나부터! 지금부터! 내가 할 수 있는 것부터!

시작해 보자!

"좋은 항아리를 얻으면 그날부터 사용하라.
내일이면 깨져 못 쓰게 될지도 모른다."

– 탈무드 中 –

1장

지금은
하브루타 시대!

4차 산업혁명 시대에도
영어를 배워야 할까?

4차 산업혁명 시대,
평범한 엄마의 고민

"4차 산업혁명으로 인해 인간은 기계와 경쟁하게 되고 그들은 일자리를 잃게 될 것이다."

2016년 3월, 인공지능^AI 알파고가 바둑 최고수인 이세돌과의 대결에서 승리했다. 인공지능과 인간의 바둑 대결은 많은 사람을 충격에 빠뜨렸다. 인공지능이 인간의 한계를 넘어서는 능력을 갖추고 있음을 온 세계에 증명한 셈이었다.

이때를 기점으로 TV, 신문, 인터넷 등 다양한 정보 매체가 앞다투어 4차 산업혁명의 발전과 미래사회에 관한 기사를 쏟아냈고, 그 덕에 이 분야에 대한 지식이 전혀 없던 나도 4차 산업혁명에 대해 관심을 갖게 되었다.

하지만 내가 접한 정보 대부분은 오히려 공포와 두려움을 안겨 줬다. 4차 산업혁명 시대의 도래로 인해 인간의 삶이 조금 더 편안해지고 윤택하게 될 것이란 긍정적인 시각보다, 우리가 기존에 알고 있던, 소위 돈을 벌게 해주던 직업군이 인공지능에 의해 상당수 빼앗기게 된다는 부정적인 시각, 그리고 그로 인해 우리 다음 세대 아이들이 지금보다 더 먹고살기 힘들 수 있단 것이었다.

더욱이 나 같은 평범한 엄마가 한 번도 접하지 않은 미래사회를 상상하며, 과연 내 아이들이 앞으로 삶을 잘 영위하도록 미래를 대비해 줄 수 있을지 막연한 불안감도 생겼다.

그렇게 고민하기 시작했다. 가만히 앉아 막연한 불안감에 붙들려 있기보단 적극적으로 대안을 찾아야 했다. 미래사회를 살아갈 아이들에게 도움이 될 수 있는 부모 그리고 미래가 두렵지 않도록 준비하는 부모가 될 수 있기를 말이다.

불안한 미래가
두렵지 않은 부모

"미래를 살아갈 아이는 무엇을 준비해야 할까?"

답부터 얘기하자면, 아이의 역량을 기르면 된다.

2016년 1월 세계경제포럼World Economic Forum 창립자이자 회장인 클라우스 슈바프Klaus Schwab는 4차 산업혁명으로 인해 가장 급속하게 시스템 재편이 이루어지고 있는 분야 중 하나를 '교육'으로 꼽았다. 또 그는 4차 산업혁명 시대에 적합한 인재의 역량(인간이 복잡한 도전 사항들을 처리할 수 있는 대처기술)으로 비판적 사고력Critical thinking, 창의성Creativity, 의사소통 능력Communication, 협력Collaboration을 제시했다.

우리나라 교육부에서도 이미 2015 개정 교육과정을 통해 핵심 역량을 기르는 '창의융합형 인재양성'을 목표로 변화된 교육을 시도하고 있다. 2015 개정 교육과정 핵심 역량은 아래와 같다.

▶ **지식정보처리 역량**

문제를 합리적으로 해결하기 위하여 다양한 영역의 지식과 정보를 처리하고 활용할 수 있는 지식정보처리 능력

▶ 창의적 사고 역량

폭넓은 기초 지식을 바탕으로 다양한 전문 분야의 지식, 기술, 경험을 융합적으로 활용하여 새로운 것을 창출하는 창의융합 사고 능력

▶ 자기관리 역량

자아정체성과 자신감을 가지고, 자신의 삶과 진로에 필요한 기초적 능력 및 자질을 바탕으로 자기 주도적으로 살아갈 수 있는 자기 관리 능력

▶ 공동체 역량

지역·국가·세계 공동체의 구성원에게 요구되는 가치와 태도를 가지고 공동체의 문제 해결에 적극적으로 참여하는 공동체 능력

▶ 심미적 감성 역량

세상을 보는 안목과 문화에 대한 공감적 이해를 바탕으로 삶의 의미와 가치를 발견하고 향유하는 심미적 감성 능력

▶ 의사소통 역량

다양한 상황에서 자기 생각과 감정을 효과적으로 표현하고 타인

과 소통하며 갈등을 조정하는 의사소통 능력

이러한 역량은 기계가 아닌 인간만이 가지고 있는 고유의 영역, 즉 들어온 정보를 자신에게 맞게 편집하고 재창출해낼 수 있는 능력, 아름다움을 창의적으로 표현할 수 있는 능력, 사회적으로 타인을 이해하고 공감하며 협업하는 능력을 말한다.

이렇게 인간이 어떤 일을 해낼 수 있는 능력, 다시 말해 역량은 우리가 지금까지 공부해왔듯이 단순히 다양한 영역의 지식을 많이 알도록 암기한다고 해서 익힐 수 있는 부분이 아니다. 지속적이고 다양한 직·간접적인 경험과 그 속에서 생겨나는 수많은 생각을 삶에 연결하고, 직접 부딪쳐가며 문제를 해결해보는 경험들이 하나씩 차곡차곡 쌓여야 익혀진다.

그래서 부모는 할 일이 많다. 아이에 대해서 잘 알고 있어야 하고, 수없이 올바른 방향으로 교육하고 있는지 고민해야 하고, 다양한 경험과 체험을 할 수 있도록 배려해야 하고, 변화된 환경을 이해하고 스스로 문제를 해결해 나갈 수 있도록 기다릴 수 있어야 한다.

그렇게 내 아이의 미래를 준비하는 부모는 미래가 불안하거나 두렵지 않다. 아니, 오히려 기쁜 마음으로 맞이한다. 아이의 밝은 미래와 꿈을 펼치는 행복한 얼굴을 기대하면서 말이다.

영어는 아이의 역량을
길러주는 도구

영어는 전 세계적으로 사회, 과학, 문화, 경제, 법률 등에서 사용되는 만국 공통어Global language이기 때문에 우리는 지금까지 영어를 열심히 공부했다. 누군가는 영어를 교과서나 책으로 문법 익히기에 열을 올렸을 수도 있고, 또 다른 누군가는 좋아하는 영화나 드라마, 팝송을 통해 생활 영어를 익히기도 했을 것이다. 혹자는 인공지능이 더 개발되면 영어도 자동으로 통·번역을 해 줄 텐데 왜 힘들게 영어를 배워야 하느냐고 묻기도 한다. 요즘은 외국 사이트를 접속하면 번역기가 알아서 한국어로 번역을 해주니 내가 일일이 직접 번역해야 하는 수고도 덜 수 있다.

그런데도 영어를 배워야 할까? 4차 산업혁명 시대에도 영어로 말하는 사람들이 사라지지 않는 한 영어를 배워야 한다. 왜냐하면 제대로 된 영어를 익히게 되면 인간은 기계가 대처할 수 없는 역량이 생기기 때문이다. 그 이유는 다음과 같다.

① 협력이 가능해진다

중국 알리바바Alibaba 그룹 창립자이자 회장인 마윈馬雲은 러시아 모스크바 국립대학교에서 한 대학생이 '글로벌 비즈니스와 언어의 중요성'에 대해 묻자, 그는 "언어를 배운다는 것은 외국 문화를 이해하고 존경하는 시작점이 되고, 당신이 외국 문화를 인정하고 존경한다면 그들도 당신을 인정하고 존경할 것"이라고 말했다.

세계어로서의 영어는 전 세계의 사람들과 직접 소통하면서 상대방의 가치관, 문화를 알고 포용할 수 있는 좋은 도구이다. 서로 대화하며 친분을 쌓을 수 있고 상대방을 이해하고 수용할 수 있다. 그렇기 때문에 영어를 할 줄 알면 전 세계에서 자신과 협력할 수 있는 동료를 얻을 좋은 기회가 된다.

② 의사소통 능력을 키울 수 있다

사실 영어를 배우는 목적 자체가 전 세계의 다양한 사람들과 이야기를 나누기 위함이다. 상대방이 알아들을 수 있는 언어를 할 줄 아는 것만으로도 상대방의 마음은 쉽게 열린다. 여기에 자기 생각이나 감정을 잘 정리하여 상황에 맞게 주고받는 것이 바로 의사소통이다. 만약 제대로 전달하지 못하여 상대방이 이해하지 못한다면 의사소통이 안 된 것이다.

언어 천재로 알려진 조승연 작가는 '다른 나라의 언어를 습득한다는 것은 언어구조를 통해 그 나라 사람들의 사고방식의 다름을 이해하는 것'이라 했다.

즉 영어를 배운다는 것은, 영어를 구사하는 상대방의 사고방식을 제대로 이해하여 상대방이 이해할 수 있도록 표현할 수 있는 능력을 기른다는 것을 의미하는 것이다.

③ 지식정보를 처리하는 능력을 기를 수 있다

지식정보를 처리하는 능력은 자신에게 필요한 데이터를 찾아 정리하여 그것을 가치 있는 정보로 만들어 활용할 수 있게 한다. 이때 데이터를 가장 손쉽게 많이 수집할 수 있는 공간은 인터넷이고, 세계인들이 사용하는 인터넷 정보 대다수가 영어로 되어있다. 비단 인터넷뿐 아니라 양질의 정보를 얻을 수 있는 책을 비롯한 다양한 매체들도 영어로 소개된다. 이렇게 세계 공용 언어인 영어를 구사할 수 있는 사람에게는 그만이 가지는 힘이 있다. 세상에 널린 영어로 된 데이터를 비판적 사고로 자신에게 맞게 수집하고, 의미 있게 해석하며 사람들이 공감하도록 가치 있는 정보를 만든다. 그리고 그것을 자신의 입을 통해 의도와 생각을 그대로 세계인에게 전달하는 것이다.

④ 세상을 보는 눈이 달라진다

영어를 구사하면 새로운 문화나 다양한 콘텐츠를 접하면서 창의적으로 생각하게 되고, 글로벌한 세상에서 폭넓은 기회와 선택의 순간이 주어질 수 있다. 외국어를 한다는 것은 세상을 더 넓게 바라볼 수 있는 능력을 갖춘 셈이다. 같은 현상을 서술하더라도 언어마다 가지고 있는 사고방식 초점이 달라 저마다 해석하고 이해하는 것이 달라진다. 예컨대 주변과 관계를 먼저 생각하여 청자 중심으로 서술하는 우리말과 화자(말하는 사람)를 중심으로 생각하고 말하는 영어의 차이는, 그 언어를 배움에 따라 같은 상황을 다양한 시각으로 보고 생각할 수 있도록 만든다.

⑤ 뇌를 단련한다

이는 내가 영어를 구사할 수 있게 되면서 느낀 것이다. 특히 다양한 스토리가 있는 소설의 경우, 우리말로 번역된 것을 읽는 것보다 영어책을 읽으면 좀 더 노력을 기울이며 정독하게 된다. 우리말은 이미 우리에게 익숙하기에 대충 읽어도 곧바로 파악된다. 하지만 영어는 머릿속으로 내용을 우리말로 바꿔 이해하는 과정과 글의 숨은 뜻을 파악하는 과정을 거치며 읽을 수밖에 없기 때문이다.

역량은 전 세계로 나아가 다양한 사람과 협업하고 생각을 나누고, 또 다른 창의적인 사고를 갖게 되는 것이자 그것에 가치를 부여하고 자신의 목소리로 의도를 표현하는 능력을 키우는 것이다. 이러한 역량 개발은 아무리 과학기술이 발달하더라도 우리가 영어를 배워야 하는 근본적인 이유이다.

영어학습에서 중요한 것은
무엇일까?

우리의
영어교육 현실

사실 우리가 영어를 배워온 이유는 남과의 경쟁에서 살아남기 위해, 혹은 출세와 성공을 보장하는 하나의 수단이었기 때문이다. 영어를 구사하게 되면 대입과 취직, 승진 등 조금 더 좋은 조건의 혜택이 주어지는 것이 사실이다. 이러한 시대를 살아온 우리 부모 세대는, 어쩌면 미래를 살아갈 아이들에게도 영어를 유창하게 구사하는 것이 '필요조건'이라고 생각하고 있는 것일지도 모른다. 이 영향인지 사교육비 부동의 1위는 영어이다. 특히나 영어는 어릴 때부터 시작하는 것이 효과적이라는 인식이 있어 어린이집이나 유치원에서부터 배우기 시작한다. 어릴 때부터 영어 공부를 시작하는 것이 잘못된 것은 아니다. 그러나 아이들의 영어교육은 절대적으로 부모의 교육관에 의해 좌우되기 때문에 그 목적과 방향성에 대해 한 번쯤 짚고 넘어가야 한다.

조기 교육은 자칫 '영어를 잘하게 하고 싶다'라는 욕심에 아이에게 부담이 되는 학습 경쟁을 강요할 수 있다. 영어를 '빨리', '유창하게' 했으면 하는 부모의 마음은 조급함으로 나타나고, 이러한 조급한 마음은 아이가 단어 하나, 문장 하나를 익히는데 스스로 이해하고 판단해서 깨우치는 시간을 좀처럼 주지 않는다. 부모 대부분은 내 아이가 최대한 빠르게 많은 양의 단어를 암기하고 곧바로 그것을 활용해서 혼자 글을 읽고 말하기를 기대한다. 나 역시 큰아이를 키우면서 그랬고, 내가 16년 동안 영어 강사로서 만났던 무수히 많은 부모도 그랬다. 아이들의 영어 능력이 어느 수준까지 도달했는지 늘 궁금해하며, 어떻게 하면 빠른 속도로 습득할 수 있는가에 대한 정답을 알려주길 원했다. 그 속에서 아이들은 영문도 모른 채 열심히 학습해야 했다. 언제까지, 얼마나 많은 양을 더해야 하는지도 모르고 말이다.

어릴 때
시작해야 해!

큰아이가 어릴 적, 조기 영어교육을 찬성하는 많은 영어교육 관련 책에서 그 주장의 근거로 대고 있던 노암 촘스키^{Noam Chomsky}의 생득적 언어 습득 이론에 대해 읽어본 적이 있다. 인간은 선천적으로 언어 습득 장치^{LAD}를 가지고 태어나는데, 나이가 어릴수록 활발하게 작동하여 사춘기를 거치면서 서서히 작동이 멈추기 때문에 제2의 언어 습득 역시 사춘기 이전에 이루어지는 것이 효과적이라고 한다. 그의 이론은 영어만 생각하면 골치 아팠던 나에게 큰 위안과 희망을 주었다. 그날 이후 나는 아이에게 영어 그림책을 읽어주었다. 때마침 엄마들 사이에서 영어 그림책으로 스토리텔링을 하는 등 다양한 활동을 하는 것도 유행이었기에 나도 정말 열심히 따라 했다.

아이가 유치원에 들어가고 난 후, 나는 어린이 영어 지도 방법을 배웠고 그 방법을 살짝 흉내 내어 가르치기도 했다. 큰아이는 쓰는 것을 너무 싫어해서 영어 활동지나 워크북 푸는 것을 무척 힘들어

했다. 하지만 나는 책 한 권을 읽었으면 뭘 알고 있는지 정도는 확인해야 제대로 영어를 습득하고 있는 것이라고 생각했기에 양보할 수 없었다.

아이가 7살이 되던 어느 날, 그날도 아이를 앉혀놓고 영어 그림책을 읽어주고 있었는데 아이는 내게 뜻밖의 말을 꺼냈다.

"엄마, 나는 세상에서 영어가 제일 싫어."

어릴 때부터 영어 환경에 노출하면 책에서 보았던 다른 아이들처럼 영어를 좋아하고 막힘없이 술술 말할 줄 알았던 내 생각과 너무나 다른 아이의 말이었다. 나름 아이를 위해서 정말 열심히 노력했기 때문에 아이의 말은 엄청난 충격으로 다가왔다. 그 순간, 아이에 대한 배신감과 나의 수고가 헛된 것 같아 아이에게 버럭 화를 냈다. 그렇게 아이는 과하게 애썼던 내 욕심 때문에 영어를 그다지 재미있는 언어로 생각하지 못했다.

그 후로도 가끔 기회를 봐가며 영어책을 들이밀었지만 그때마다 아이는 완강히 거부했다. 결국, 그렇게 아이는 영어를 모국어처럼 습득할 수 있다던 시간을 놓쳤다.

몰랐던 사실

나는 맹세코 아이에게—가끔 워크북을 한번 풀게 한 것 말고— 힘들게 영어 공부를 시킨 적이 없다. 그 당시 내 영어 실력은 형편 없었지만 그런데도 최대한 영어로 말해주려고 노력했고, 엄마표로 성공했다는 남들처럼 영어책(원서)이나 DVD도 많이 사서 읽어주고 시청하게 했다. 그런 내 노력에도 아이는 영어를 싫어했고 결국 억지로 공부해야만 하는 나이가 되었다. 큰아이의 참담한 영어 실패 기억으로 작은 아이는 초등학생이 되기 전까지 영어책을 억지로 읽어주지 않았다. 그때 나는 중요한 사실을 모르고 있었다. 영어는 무조건 일찍 시작해야 한다고만 생각했지, 감성적인 내 아이와 내가 정서적인 유대관계부터 잘 쌓아야 한다는 것을 말이다.

내 아이는 감성적이고 내성적이었고, 행동도 더디고 느렸다. 그에 반해 나는 성격이 급하고 경쟁심도 있으며 목표 지향적인 성향이다. 더딘 아이일수록 아이가 스스로 할 때까지 부모는 차근히 기다려주고, 세심하게 관찰하고, 아이의 말에 귀 기울여줘야 한다는 것을 몰랐다.

돌이켜보면 아이가 무엇을 좋아하는지, 엄마와 영어로 놀면 재미가 있는지, 영어책을 읽으면 어떤 느낌이 드는지, 혹시 다른 놀이로 하고 싶은 것은 있는지 등에 대해 단 한 번도 아이와 눈을 맞추며 이야기를 나눈 적이 없었다.

일방적으로 아이에게 좋을 것 같은 유명한 영어책을 선택해 제대로 이해했는지도 모른 채, 전달하듯 읽어주곤 정답을 재촉하는 식의 영어책 읽기가 그리 재미있진 않았을 것이다. '영어책 읽는 습관을 만들어야 한다'라고 매일 꼭 해야 할 과제처럼 그 당위성을 계속해서 말하는 엄마가 무척 부담될 수 있다는 것도 나중에야 깨달았다.

영어학습에서 가장 중요한 것은?

나는 여전히 영어를 어릴 적부터 시작하면 유창하게 사용하게 될 확률이 높다고 생각한다. 언어를 습득한다는 것은 그 언어의 노출 빈도에 정비례하는 것이기 때문에 더 많이 보고 듣고, 읽고 말하는 훈련이 쌓일수록 는다. 그렇지만 언어 습득의 결정적 시기 혹은 남들이 성공했다고 하는 영어학습의 방법보다 더 중요하게 선행되어야 할 것은, 아이와의 '관계'이고 '관심'이다. 영어를 조금 늦게 접하더라도, 부모는 조바심을 버리고 아이를 관찰하며 자발적으로 흥미를 느끼고, 좋아하는 방향을 찾을 수 있도록 격려하면 영어 실력은 곧 채울 수 있다. 이것은 내가 내 아이뿐만 아니라 또 다른 많은 아이에게 영어를 지도하면서 직접 경험한 사실이기도 하다. 영어 학원에 근무하며 학부모들에게 빠른 결과를 보여주려고 배우는 아이에게 무작정 외우라고 지도했던 것보다, 하브루타를 적용하여 개념을 이해시키고 아이들이 스스로 해볼 기회를 주기 시작했을 때 같은 시간 대비 더 효과적인 결과가 나타난다는 것도 알게 되었다.

큰아이는 나와의 관계를 회복한 후로부터 영어책을 같이 읽고 생각을 자유롭게 나누는 정도가 되었다. 작은 아이도 영어책을 읽고 엄마와 하브루타 하는 것을 좋아하게 되었고, 영어에 대한 자신감이 높다.

영어에 대한 깊은 고민, 말하기!
하브루타로 해결하다

가장 큰 영어 고민,
말하기!

영어로 말하고 싶은데 안 되는 이유가 뭘까? 내가 생각하는 이유
는 다음과 같다.

① 말하기 연습을 하지 않는다

나는 항상 영어를 잘하는 한국인 혹은 원어민이든 만나기만 하

면 어떻게 해야 영어를 잘할 수 있는지 물어본다. 그때마다 그들은 하나같이 입을 모아 얘기한다. 그것은 바로 'Practice(연습)'이다. 연습이란 익숙하게 되기 위해 되풀이해서 하는 것이다. 즉 영어로 말하려면 익숙해질 때까지 끊임없이 반복하여 내 입으로 소리 내보는 훈련을 해야 한다.

내가 영어를 말할 수 있게 된 이유 역시 나 혼자 말하기 연습을 했기 때문이었다. 나는 영어를 익히기 위해 그 누구의 도움을 받아본 적도 외국을 나간 적도 없다. 그런데도 영어로 말하게 된 것은 직장에서 잘리지 않기 위해서였다. 아이들이 내 앞에 앉아 있다고 생각하고 수업해야 할 영어 동화책을 끊임없이 읽고 중얼거려야 했던 경험 덕분이다. 나중에야 책을 통해 알게 된 사실이지만, 나는 그동안 나도 모르게 유대인들이 암기와 이해를 잘하기 위해 돌아다니면서 스스로 묻고 답하고 중얼거리는 말하기 연습 즉, 하브루타를 하고 있었던 것이다.

② 발음에 집착한다

너무나 당연한 말이지만, 우리는 한국어가 모국어이기 때문에 영어를 원어민처럼 완벽하게 발음하기 어렵다. 다만 상대방과 의사소통이 되도록 비슷하게 소리를 낼 뿐이다. 물론 영어에는 우리말에 없는 발음이 있기 때문에 영어 소리를 좀 더 잘 알아듣고 말하기 위해 듣고 흉내 내어 따라 읽으면서 어느 정도 발음과 강조, 억양을 훈련하는 것이 필요하다. 하지만 영어를 모국어로 쓰는 나라 중에서도 지역에 따라 억양과 발음이 다르므로, 세계어로 영어를 배우는 우리는 미국식 발음에 주눅들 필요가 없다.

외국인과 대화하다 보면, 단어의 소리 발음 하나하나에 신경 쓰기 보다는 전체적인 맥락에서 이해한다는 것을 알 수 있다. 또한 외국인들도 영어가 모국어가 아닌 사람과 대화할 때 주의를 기울여 대화하기 때문에 발음이 설사 조금 부정확해도 의사소통은 충분히 가능하다.

③ 단어는 많이 외우지만 활용하지 않는다

그동안 우리는 주로 영단어를 시험용으로 외웠다. 일단 눈으로 본 다음 손으로 스펠링과 한글 뜻을 외워서 단어 시험을 보거나, 지문 속 문장을 우리말로 해석하기 위함이다. 또한, 조금씩 배우고 자주 반복하기보다는 많은 양을 한꺼번에 외우려 하다 보니 문장 속에서 어떻게 쓰이는지 잘 모르고 쉽게 잊어버린다.

사실 의사소통하기 위해서는, 많은 단어를 알고 있는 것보다 아는 단어를 제대로 사용할 줄 아는 것이 낫다. 〈KBS 스페셜 당신이 영어를 못하는 진짜 이유〉에서는 핀란드 국민의 70%가 영어를 말할 수 있는데, 2000단어 이내의 영어 단어를 구사한다고 소개했다.

이는 단어의 양보다는 활용 능력이 더 중요하다는 것을 보여 주는 단적인 예라 할 수 있다.

④ 틀리는 것이 두렵다

아무래도 정답을 요구하는 교육을 받아왔기 때문에 실수하고 틀리는 것에 대한 두려움이 생겼을지도 모른다. 모두 알고 있듯이 영어는 언어이기 때문에 처음부터 유창하게 말할 수 없다.

나 역시 틀리면 창피할까 봐 당시 같이 근무하던 외국인들과 대화를 꺼렸다. 그런데 가만히 생각해 보니, 외국인들은 한국에서 일하면서도 한국말을 못 하는 것에 아쉬움이 전혀 없어 보였다. 반면, 왜 나만 주눅 들어야 하는지 억울했다. 그래서 문법적으로 오류가 난 건지 발음이 틀린 것인지, 제대로 알아든 못 알아든 신경을 쓰지 않고 내가 하고 싶은 말을 천천히 끝까지 했다. 어차피 그들은 한국말을 못 하니 나는 스스로 2개 국어를 하는 사람이라고 다독이면서 말이다. 그리고 얼마 지나지 않아 자연스럽게 그들과 대화하는 자리에 있었다. 잘 몰랐거나 이해가 안 되는 것을 하나씩 물어가면서 말이다. 처음부터 완벽한 사람은 없다. 계속하다 보면 늘게 된다.

하브루타는
영어 말하기에 가장 좋은 방법

하브루타란, 짝을 지어 질문을 주고받으며 토론하는 것이다. 나는 하브루타가 영어 말하기에 가장 좋은 방법임을 확신한다. 영어 말하기에 익숙해지려면 문장을 만들고 그것을 내 입으로 계속 뱉어보는 것이 중요한데, 하브루타 자체가 대화하는 것이기 때문이다.

하브루타로 하는 영어 말하기는, 짝과 공부하며 말을 주고받으면 되는 만큼 간단하지만 효과는 크다. 내가 초·중등 아이들에게 하브루타로 지도하며 얻게 된 효과는 다음과 같다.

① 아이의 현재 영어 듣기와 말하기 실력을 비교적 정확하게 파악할 수 있다

우리가 말을 하려면 상대방의 말을 듣고 머릿속으로 자연스럽게 그 의미를 이해한 후 본인의 생각을 문장으로 만들어 입 밖으로 꺼내야 한다. 때문에, 스스로도 단어나 문장을 아는 것과 모르는 것으로 구분하여 말하게 된다. 게다가 교사는 아이를 직접 테스트하지 않아도, 또래 아이들끼리 나누는 대화를 들어보면 말하기 수준이 곧 파악된다. 더욱 효과적인 것은, 성향이 내성적이라 평소 많은 사람 앞에서 말하기를 꺼리는 아이도 비슷한 또래와 단둘이 얘기를 하다 보면, 비교적 편안하게 말하기 때문에 지도하는 데 도움이 된다.

② 틀려도 개의치 않는다

하브루타는 서로 다름을 인정하고 다양한 답을 주고받는 방법이기 때문에 틀렸다고 해서 부끄러울 일이 없다. 물론 영어를 듣는 즉시 자기 생각을 문장으로 만들어내기 어려우므로 익숙해질 때까지 학습해야 한다. 이때는 정해진 답이 있어서 끊임없이 연습도 해야 한다. 하지만 시험처럼 정해진 답을 말하지 못한다고 해서 불이익이 생기거나, 틀렸다고 해서 문제 되는 것은 없다. 틀리면 그냥 짝이 알려주고 수정해서 다시 말하면 된다.

③ 오래 기억하게 만든다

자신이 직접 말한 것은 눈으로 읽고 이해한 것보다 훨씬 기억에 오래 남는다. 이는 내가 아이들에게 전치사 on과 off의 뉘앙스를 가르치면서 느낀 것이다. 아이들과 '전치사 on과 off를 활용한 간단 문장 만들기 대결'을 한 적이 있다. 그때 여러 번 설명해서 외우게 할 때 보다, 아이들이 직접 예문을 읽고 개념부터 익혀 스스로 문장을 만드니 시간이 지나도 비교적 정확하게 이해하고 활용할 수 있었다.

④ 자기 주도적이다

하브루타는 자신이 모르고 있는 것만 묻고 학습하면 되니 군더

더기 없이 학습자 자신만의 맞춤학습이 가능하다. 따라서 자신감이 생기고 실력이 늘고 있다는 것을 쉽게 느낄 수 있다. 아이들은 수업 내내 자발적이고 능동적으로 수업에 참여하며 큰 보람과 성취감을 느낄 수 있다.

⑤ 친구와 함께하니 지루하지 않고 즐겁다

"영어 수업은 계속해서 설명을 들어야 하고 잠도 오고 지루했는데 짝과 함께 공부하고 미션도 수행하니 친구랑 더 친해지는 것 같고 재밌다."

"교과서를 읽을 때 내용이 별로 관심도 없고 재미도 없는데 여기서는 질문을 하니 모르는 것을 알 수 있어서 알차게 시간을 보낸 것 같다."

"친구랑 되든 안 되든 손짓·발짓까지 해가며 영어로 말하는 것이 웃기다."

"내가 만든 문제에 친구들이 답을 하니 왠지 뿌듯하다."

이는 내가 어느 중학교로 방과 후 영어 수업을 하러 갔을 때 들은 학생들의 반응이다.

하브루타는 둘이서 질문과 대답하는 과정에서 지루할 틈이 없고, 스스로 자신의 의견을 표현하며 그간 미처 생각하지 못했던 창의적인 경험을 통해 배움을 즐기게 된다.

생각을 폭발시키는 방법,
하브루타

생각하는 힘은
질문에서 나온다

"엄마, 왜 하늘은 파란색인지 아세요?"

함께 TV를 보다 작은 아이가 갑작스럽게 퀴즈를 냈다. 아마도 학교 과학 시간에 빛에 대해서 배웠던 것 같다.

"하늘이 왜 파란 거야?"

"이유는요, 태양 빛이 지구로 오면서 바다에 반사되어 파란색으로 보이는 것이에요."

"정말? 그럼 하늘이 파란 이유가 바닷물 색깔 때문인 거야?"

"네, 바닷물이 파란색이니깐 하늘도 파란색으로 보이는 거예요."

"아 그래? 진이는 정말 바닷물이 파란색이라고 생각해? 얼마 전 정글 탐험 프로그램에서 봤었던 거 기억나니? 그때 부족원들이 물고기를 잡으러 바다로 나갔는데, 에메랄드빛의 바닷물을 보고 너무 예쁘다고 한 적 있었지?"

"아, 바닷물 색이 다르네……."

"왜 다른 것 같아?"

"음……. 나라가 달라서 색깔이 다른가?"

"사실, 엄마도 하늘과 바닷물이 왜 파란색인지 몰랐는데, 우리 진이 덕분에 너무 궁금해졌네. 우리 같이 찾아볼까?"

하늘과 바다가 태양광선이 대기나 바닷물 속의 미립자들과 만나 빛이 산란하여 우리 눈에 파란색으로 보일 뿐 정말 파란색일 리는 없다. 아이는 수업시간에 들었던 내용이 생각나서 내게 퀴즈를 냈지만, 정확히 이해하진 못했던 것 같다. 만약 내가 그때 아이에게 다시 질문하지 않았더라면, 아이의 생각을 들어보지 못했을 것이고, 잘못 이해한 개념으로 한동안 알고 있었을 것이다.

하브루타의 핵심은 질문이다. 유대인 엄마는 어릴 적부터 끊임없이 '왜?'라는 질문을 던진다. 아이의 질문에도 바로 답을 주지 않고 반문하며 아이가 스스로 생각하게 만든다.

질문은 호기심을 불러일으켜 개념을 정확히 이해하게 만들고, 탐구하게 하고, 정보를 내 것으로 습득하게 만든다. 이런 것들이 쌓여 창의력과 상상력도 키우게 되는 것이다.

영어를 학습할 때도 마찬가지다. 그냥 무작정 다 외우려 하기보다 질문을 하며 이해하는 것이 훨씬 효과적이다. 특히 개념을 알려줄 때 곧바로 설명하지 않고 아이들에게 질문하며 생각할 기회를 준다. 예를 들어 한쪽에는 셀 수 있는 명사 앞에 쓰는 '부정관사 a+명사'가 쓰여 있고, 다른 쪽엔 'an+명사'가 적힌 적은 종이를 주고 아이들에게 자세히 관찰해보라고 한 후 무엇이 다른지 물어보는 식이다. 이렇게 아이들이 직접 생각해 보고 찾아낸 답은 쉽게 잊지 않고 비교적 오래 기억한다.

기적을 부르는 하브루타 질문, What do you think(네 생각은 어때)?

지금에서야 고백하지만, 그동안 아이들을 가르치면서 가장 많이 했던 말이 "조용히 하고 들어!"였다. 그런데도 나는 수업을 참 잘하는 사람으로 평가받았다. 철저하게 레슨을 준비했고, 아이들의 시선을 끌 만한 영어 단어 카드나 게임 도구 등을 다양하게 끄집어내 놓고 내 말을 잘 듣는 아이들 위주로 시켜 주곤 했다. 아이들이 잘 들으면 잘 알게 될 것이란 착각 때문이었다. 사실 온종일 나만 떠들었으니 제일 잘 알게 된 사람은 나뿐이었다.

듣기만 하는 강의는 짧은 시간에 많은 정보를 전달해주긴 하지만, 학습자가 공부 의지를 갖추고 집중하지 않으면 자기 것으로 만들기 어렵다. 게다가 시키지 않으면 아무것도 하지 않는 수동적인 아이로 변한다.

강사 중심의 일방적인 전달 수업에 능한 내가 하브루타를 하겠다고 과감히 이 방법을 버리고 유대인들처럼 "What do you think(네 생각은 어때)?"라고 묻기 시작했더니 오히려 수업이 활기를 띠었다. 어떤 아이는 기분이 참 좋다고 했다. 나의 질문이 자신을 존중해준다는 느낌이 들게 한다는 것이다. 꼭 정답이 아니라도 아이들에게 먼저 말할 기회를 주고, 곱씹어 생각하게 만든 이 질문은 아이들에게 영어학습의 흥미를 주었고 학습을 지속할 수 있는 계기를 만들었다. 아이들이 적극적으로 학습에 임하니 실력이 오르는 것은 말할 것 없다.

스스로 답을 찾게 만드는 질문,
Why do you think so(왜 그렇게 생각해)?

우리는 너무나 쉽게 평가하고 단정 짓는다. 영어학습을 할 때 아이들이 제대로 이해했는지를 파악한다는 생각에 정해진 답을 묻고 틀렸다고 말하는 것이다.

어릴 적 기억에 내가 '영포자'가 된 제일 큰 이유도 영어 수업시간 선생님의 물음에 매일 틀렸기 때문이었다. 그 당시 영어 수업은 공포였다. 영어 선생님은 교실을 돌아다니면서 아이들에게 단어를 물어보고 뜻을 모르면 어김없이 출석부를 머리 위로 내리쳤다. 틀린 것에 대한 처벌은 나를 점점 주눅 들게 만들고, 학습의 흥미마저 꺾어버렸다.

아이들에게 틀렸다고 말하기 전에 "Why do you think so(왜 그렇게 생각해)?"로 물어보자. 답이 정해져 있는 문제라 하더라도 "Why do you think so(왜 그렇게 생각해)?"라고 질문하면 아이의 생각을 들어보며 특히 잘못 인지된 개념이 있는지 파악하기 쉽고, 스스로 문제를 해결할 수 있도록 도와줄 수 있다.

초등 5학년 아이들과 문장 만들기 훈련을 하면서 일반 동사의 현재형에 대해 익히고 있을 때였다. 한 아이가 'My sisters takes a shower every evening.' 'She makes me very happy.'라는 문장을 만들었다. 그때 왜 두 문장에서 동사에 s를 붙인 것인지 물어보았다. 아이는 앞에 나온 주어가 여자이기 때문에 s를 붙여야 한다고 대답했다. 아이가 막 영문법을 시작해서 3인칭 주어에는 s를 써야 한다고 알고 있었지만, My sisters는 3인칭 복수형인 they를 의미한다는 것은 정확히 몰랐던 것이다. 나는 아이에게 복수형에 대해서 물었다. 그리고 개념 설명 파트를 다시 읽게 한 뒤 문제를 찬찬히 살펴보라고 했더니 곧 혼자서 수정했다.

"Why do you think so(왜 그렇게 생각해)?"는 자신의 말에 대한 논리적인 근거를 스스로 찾을 수 있는 좋은 계기가 된다. 또한, 한 번 더 자신의 답변에 대해 신중하게 생각해 보는 기회를 제공한다. 거기에 상대방의 생각을 존중해주는 말로 기분도 상하게 하지 않는다.

자존감과 탐구력을 키우기에 이보다 좋은 질문이 또 있을까?

일석이조!
하브루타 독서

독서는 아이의 생각 그릇을 키우는 자양분이다. 어휘력, 창의력, 사고력, 정보처리 능력, 이해력 등 전반적인 뇌 발달을 도와주기 때문이다. 그래서 아이를 키우는 부모라면 누구나 독서의 중요성을 알 것이다. 유대인 부모는 아이가 어릴 때부터 매일 밤 자기 전에 동화책을 읽어주고 하브루타를 하면서 정서적 안정감과 좋은 유대감을 만들고 독서습관을 길러준다. 유대인에 대해 알려진 예화로, 아이에게 책 읽기의 즐거움을 알려주기 위해 표지에 꿀을 바르고 핥아먹게 할 만큼 유대인에게 있어서 독서는 자부심이자 가장 강조되는 교육이다.

영어학습에서도 독서는 매우 중요하다. 영어책에는 다양하고 정제된 문장들이 많고, 호기심을 불러일으킬 만한 정보나 상상력 가득한 스토리가 있으니 재미도 있다.

재미있는 영어책으로 하브루타를 하면 생각하는 힘을 기르는 것은 물론이고, 영어 실력까지 덤으로 얻을 수 있다. 아무리 짧은 문장이라 하더라도 대충 읽고 흘려버리는 법 없이 하브루타를 하며 입에서 자연스럽고 다양한 문형으로 나올 때까지 수십 번 고민하고 익히는 훈련을 할 수 있기 때문이다. 특히 영어 그림책은 그림이 주는 심미적인 감각과 스토리 속에 전해지는 깊은 감동에 완전히 매료되기도 한다. 이런 깊은 감동과 여운은 하브루타 독서를 해본 사람이라면 누구나 느낄 수 있다.

생각의 꽃을 피우는 하브루타, 토론(Discussion)과 논쟁(Debate)

하브루타에서 토론은 주제를 가지고 자신의 의견을 자유롭게 내며 다른 사람과 소통하는 것이다. 토론하면 다양한 관점에서 서로 다른 생각을 주고받음으로 창의적인 사고력이 증대된다. 혼자서는 미처 생각하지 못한 깨달음을 얻을 수 있고, 여러 사람의 다른 생각을 나눔으로써 새로운 아이디어가 생기기도 한다. 또한, 어떤 상황이나 논점에 대해서 서로에 대한 경쟁의식 없이 최선의 해결 방안을 모색하기 때문에 협업능력도 더불어 기를 수 있다.

한편, 논쟁이란 서로 의견이 다른 문제를 논리적 근거를 가지고 찬반으로 나눠 상대방을 설득하기 위한 것이다. 즉 배려와 경청을 기반으로 상대방의 의견을 잘 듣고 그 논리에 반박할 만한 근거를 끊임없이 제시하면서 질문하고 자신의 의견을 피력하는 것이다. 논쟁은 생각을 날카롭게 만들어 머리를 비평적이고 논리적이고, 조직적이며 분석적으로 만든다.

　이러한 토론과 논쟁은 두뇌를 격동시키는 가장 좋은 방법이지만, 그만큼 수준 높은 논리력과 사고력을 요하기 때문에 우리말로 해도 절대 만만치 않다. 게다가 영어로 토론과 논쟁을 한다는 것은 몇 배나 더 어려운 일이다. 우선 기본적으로 영어를 자유자재로 구사할 수 있어야 하고, 깊이 있는 사고를 바탕으로 제 생각을 정확하고 논리적으로 표현할 수 있어야 한다. 사실 자유로운 영어 구사 능력보다 앞서 더 중요하게 요구되는 것은 통합적이고 분석적인 사고력이다. 당연한 말이겠지만 사고력 즉, 생각이 없으면 그 어떤 것도 자신의 말로 표현할 수 없다. 그래서 우리말로 충분히 토론과 논쟁을 하며 사고력부터 키우길 권한다. 사고력은 모국어를 통해 형성되기 때문이다. 수많은 논쟁과 토론을 통해 제 생각을 표현하는 능력이 길러지면, 영어로 바꾸어 말하기는 그리 어렵지 않을 것이다.

하브루타로
새로운 길을 모색하다

하브루타의 시작,
학습에 대한 고정관념의 변화

그동안 나는 최고의 학생은 모름지기 교사가 하라는 대로 집중하여 잘 따라 해야 하고, 최고의 교사는 아이가 알기 쉽도록 잘 가르치는 것이 학습법의 전부로 알고 있었다. 그래서 내가 어느 정도 영어 강사 경력을 쌓고 TESOL^{Teaching English to Speakers of Other Languages}(영어를 모국어로 하지 않는 사람에게 영어를 가르치는 방법을 배우는 과정, 영어 교사 양성 자격증)을 공부하게 되었을 때 잘 가르치기 위한 수많은 아이디어를 빼곡히 적은 Lesson Plan을 자랑스럽게 제출했다. 하지만 나의 예상과 다르게 외국인 지도교수의 평가는 하나같이 'Boring(지루한)'이었다. 게다가 억울한 일이 생겼다. 수업을 별로 준비해오지 않은 한 동기생에게 높은 점수를 준 것이다. 도대체 왜 이런 평가를 받아야 하는지 격렬하게 따져 물었지만, 도저히 이해할 수 없었다. 그러다 하브루타를 실천하며 그 이유를 깨달았다. 학습은 교사 중심이 아니라 학생 중심으로 해야 한다는 사실이었다. 그리고 그것은 내 고정관념을 완전히 변화시켰다.

공부는 누가 해야 할까? 바로 학습자가 스스로 해야 한다. 교사는 학습자가 공부할 수 있도록 환경과 자료를 제공해주고, 올바른 방향으로 갈 수 있도록 안내하고 격려해주며, 관리하고 코칭해주는 역할을 하는 것이다. 어떤 개념에 대해 가르치면 그것을 가장 잘 이해하고 제대로 정리된 사람은 가르치는 본인이다.

하브루타는 학습자가 직접 가르친다. 철저하게 학습자 중심의 학습법인 것이다.

실제로 영어를 자신 없어 하던 중학생 민결이에게 to 부정사에 대해 간단한 설명을 해주고, to 부정사가 쓰인 다양한 예문을 충분히 소리 내어 읽게 한 후 책을 보지 않고 그 개념을 설명해보라고 한 적이 있다. 일명 친구 가르치기 훈련을 한 것이다. 민결이는 아는 대로 개념을 설명했고, 적극적으로 자신이 아는 것과 모르는 것을 구분하기 시작했다. 모르는 부분은 알 때까지 책을 찾아가며 스스로 학습하고자 했고, 문제를 풀다가 이해가 안 되거나 궁금한 것은 그냥 넘어가지 않고 꼭 질문했다. 민결이의 긍정적인 모습을 지켜본 나는 그 후로도 아이가 스스로 할 수 있도록 끊임없이 격려하고 코칭하는 강사가 되었다.

내가 몰랐던 영어 그림책의 진정한 가치를 알게 되다

내가 주로 지도하는 대상은 초등학생이 되어서 영어를 시작하거나, 이제 막 파닉스 단계를 마치고 더듬더듬 읽는 정도의 수준이다. 영어 강사라면 다들 그러하듯이 파닉스 단계를 마치면 어휘와 다양한 문장을 익히기 위해 영어 그림책이나 리더스 북(아동의 읽기 강화를 목적으로 만들어진 책)을 읽힌다.

하지만 솔직히 고백건대, 특히 영어 그림책은 나처럼 정해진 시간 안에 많은 아이를 데리고 수업으로 풀어내기에 그다지 좋은 도구는 아니었다. 겉으로 보기에는 그림이 있고 글의 분량이 적으니 아이들이 쉽게 이해할 수 있지 않을까 생각되지만, 단어를 몰라서 일일이 다 알려줘야 한다거나 문장을 읽고 바로 의미를 파악하지 못해 설명해 주는 경우가 많았다. 그리고 무엇보다 책마다 난이도가 달라서 어떤 활동을 하며 영어를 익히도록 할지 늘 수업 계획을 짜는 것이 고민거리였다.

그러다 작은 아이와 한글 그림책으로 하브루타를 하며 아이와 생각을 나누게 되면서 아이들의 책이라 우습게만 여겼던 그림책이 달리 보이기 시작했다. 이전엔 느껴본 적 없는 큰 감동을 받았고, 스토리에 빠져 가슴이 먹먹해지기도 했다. 그리고 한 권, 두 권 읽어가는 책의 수만큼 아이와 이야기를 나누는 그 시간이 너무도 따듯했다. 이렇게 훌륭한 양질의 문학 작품을 그동안 영어 학습용으로만 접근하려 했던 내가 어리석었다는 것도 깨달았다.

그 뒤 감동한 한글 번역 그림책 위주로 아이와 함께 영어 그림책 원작을 자세하게 들여다보기 시작했다. 가끔은 두 책을 비교해 가며 하브루타도 했다. 감동은 어떻게 번역하느냐에 따라 조금씩 달랐다. 어떤 책은 작가의 의도가 조금 작게 담긴 것 같아 속상했고, 어떤 책은 우리말이 새삼 너무 아름답다는 생각이 들기도 했다. 아이는 한 가지 책만 읽었을 때 깨닫지 못했던 것도 알게 되었다며 마치 숨은그림찾기를 하는 것처럼 재미있다고 말해주었다. 영어 그림책은 아이들이 영어를 배우기 위한 학습서가 아니라 자기 생각을 표현하고 상상의 나래를 마음껏 펼칠 수 있는 도구란 것을 깨닫자 자꾸만 빠져들었다. 당연히 영어 실력도 덤으로 늘어났다.

주변의 사람들도
동반 성장시키는 하브루타

하루는 작은 아이의 친구 엄마가 아이에게 읽힐 만한 책을 권해달라고 했다. 내가 만나는 사람마다 영어 그림책이 너무 좋다며 본의 아니게 광고한 탓이었는지도 몰랐다. 내가 직접 겪고 장점에 대해 말하니, 본인도 아이에게 해주고 싶다고 했다. 다만, 하브루타를 모르니 예전의 나처럼 아이에게 읽기를 강요할까 염려됐다. 그래서 먼저 엄마가 직접 해보면 어떻겠냐 제안했고, 몇몇 엄마들이 모여 작은 모임을 시작했다. 우리는 매주 한 번씩 각자 영어 원서와 한글 그림책을 들고 와서 꼼꼼하게 그림을 살펴보고, 함께 소리 내 읽으면서 우리말로 질문하고 토론했다. 그리고 얼마 후, 엄마들은 감사하게도 내게 좋은 피드백을 해주었다.

"단순한 그림책 한 권으로 내가 이렇게 속마음까지 꺼내놓게 될 줄 몰랐어요. 힐링 되는 느낌이에요."

"영어 울렁증도 극복할 것 같아요. 혼자라면 절대로 불가능한 일이었을 텐데 함께하니 가능해졌어요."

"이렇게 재미있는 책인 줄 몰랐어요. 아이와 꼭 같이 해보고 싶어요. 내가 직접 아이에게 도움을 줄 수 있을 것 같아 설레요."

하루는 댄 샌탯Dan Santat의 《떨어질까 봐 무서워After fall》란 영어 그림책을 읽고 하브루타를 했다. 우리는 이 책을 읽고 말없이 고개를 끄덕였다. 그리고 진정한 용기는 무엇인지, 나를 가두는 부정적인 사고의 틀은 무엇인지 의견을 나누며 한참을 깊이 있는 토론을 했다. 그리고 곧 '영어'라는 주제로 토론을 시작했다.

'왜 우리는 영어를 못한다고 생각하는 걸까?'

'왜 해도 안 될 것이라고 단정 짓는 것일까?'

'내가 안 되니 내 아이라도 잘되었으면 하는 마음을 아이가 이해할 수 있을까?'

우리의 이런저런 생각 나눔은 작은 도전으로 이어졌다.

첫째, 아이에게 영어학습 강요하지 않기.

둘째, 부모인 나부터 영어 공부 시작하기.

셋째, 매주 한 번 정도는 토론했던 영어 그림책으로 아이와 하브루타 하며 함께하는 시간 갖기.

우리는 그렇게 유대인 부모처럼 아이에게 자연스러운 영어 환경에 노출해 도움을 줄 수 있는 수준까지 우리 자신을 성장시켜보기로 했다. 이렇듯 하브루타는 아이를, 부모를 그리고 나의 주변을 변화시킨다.

"승자는 눈을 밟아 길을 만들지만

패자는 눈이 녹기를 기다린다."

– 탈무드 中 –

2장

아이의 미래를
바꾸는 영어 하브루타

유대인과 핀란드의
영어 공부법

유대인의
외국어 공부법

 우리는 '교육'이라는 단어를 들으면 제일 먼저 유대인과 핀란드가 떠오른다. 전 세계적으로 두각을 나타내며 인재를 키워내는 유대인 그리고 아이들의 학업 부담감 없이도 교육 경쟁력 1위를 만든 핀란드. 두 나라의 공통점은 아이들의 교육을 국가가 책임지고 있으며, 교육 방식은 협동, 토론 그리고 체험이라는 점이다. 게다가 두 나라 모두 국민 대부분이 모국어 외에 외국어를 한두 개쯤 능숙하게 구사한다. 이들이 능숙하게 외국어를 구사할 수 있는 이유는 무엇일까? 몇 년 전 EBS와 KBS에서 '유대인과 핀란드의 교육'을 주제로 집중 방영된 프로그램을 통해 그 이유를 알게 됐다.

① 유대인은 언어 조기 교육을 한다

세 살 때부터 쓰기와 간단한 문학을 배우며, 네 살이 되면 유대 경전인 히브리어로 된 토라와 탈무드를 배운다. EBS 세계의 교육 현장 〈세계를 움직이는 힘! 미국의 유대인 교육 유대인의 가정교육〉편에 소개된 미국 국적의 유대인 브라카는 3살이지만 히브리어 알파벳을 배운다. 미국에 사는 그들 가족에게 있어서 히브리어는 외국어이지만 유대에 전해지는 계율과 절기, 관습을 알기 위해 어릴 때부터 외국어 학습을 하는 것이다. 그래서 유대인이라면 기본적으로 구사할 수 있는 언어가 3가지쯤 되는데 히브리어, 이디시어 그리고 정착한 곳의 언어이다. 유대인은 토라를 온몸을 흔들면서 암송하고, 탈무드를 소리 내어 읽고 부모가 아이에게 질문하여 생각을 끌어낸 후 토론한다. 이렇게 유대인 아이들은 외국어를 익히기 위해 어릴 때부터 몸을 움직여가며 단어와 문장을 암송하고 부모와 하브루타 한다.

② 유대인은 대충 넘기는 법이 없다

《유대인의 영어 공부법腦が勝手に記憶するユダヤ式英語勉强法》을 쓴 가토 나오시加藤直志에 따르면, 유대인은 언어를 학습할 때 단순히 단어와 그 의미만 알려주는 것이 아니라 이유를 설명하며 단어 사용 방법까지 알려준다고 한다. 학교에서 무엇인가를 가르칠 때 사실이나 사건만을 전달하는 것이 아니라 이유와 그에 따른 효과를 상대방의 이해도에 맞추어 가르친다. 더불어 설명할 때도 철저하게 준비하여 난해한 단어로 설명하지 않고, 쉽고 단순 명료하게 전달하여 깊이 이해하는 것을 중시한다고 한다. 우리와 다르게 교사가 알려주는 대로 무조건 덮어놓고 외우려 들지 않는다는 것이다. 그들은 의문점이 생기면 곧바로 질문하고 본인 스스로 정확하게 알게 될 때까지 끊임없이 묻고 토론한다.

③ 할 수 있을 때까지 무수히 반복한다

유대인 에란 카츠가 쓴《천재가 된 제롬Jerome Becomes a Genius》이라는 책을 보면 제롬이 스페인어를 익히는 장면이 나오는데, 언어를 잘 암기하기 위해 모국어와 스페인어 단어를 서로 연관 지어 연상하고, 모국어 문장에 새로 배운 스페인어 단어를 넣어서 수없이 반복해서 말해본다. 그들은 단지 머리로 이해하고 넘어가는 것이 아니라 그 언어를 자연스럽게 사용할 수 있을 때까지 입으로 끊임없이 중얼거리며 반복하는 습관이 있다.

전 국민의 70퍼센트가
영어를 자유롭게 구사하는 나라 핀란드

〈KBS 스페셜 당신이 영어를 못하는 진짜 이유〉에서 소개한 핀란드는 교육 경쟁력 1위, 영어 말하기 3위의 나라이다. 놀라운 점은 몇십 년 전까지만 해도 영어를 잘하는 나라가 아니었다는 점이다. 핀란드어는 영어와 어순이 다르며, 언어 계통 역시 우랄·알타이어계로 우리말과 같다. 1980년대에는 우리처럼 시험 중심의 문법-번역식 교수법을 시행하다가, 영어를 의사소통 중심으로 활용하는 데 목적을 두고 영어 교육 정책을 바꾸었다. 그 결과 사교육 없이 공교육 12년으로 국민의 70퍼센트 이상이 영어를 자유자재로 구사할 수 있는 나라가 되었다. 핀란드인들이 이런 결과를 낼 수 있었던 이유를 생각해 보니 다음과 같았다.

① 교육 시스템을 변화시켰다

그들은 시험을 폐지하여 엘리트 중심의 경쟁 교육을 그만두고 학습 부진으로 인한 낙오자가 없도록 협력하는 교육 시스템을 바

졌다. 그 결과 질문에 대한 답이 틀릴까 봐 두려워하거나 좌절하지
않고, 서로에게 협력하고 배려하는 학습 분위기로 도움을 주고받게
되었다.

② 어릴 때부터 자연스럽게 영어 환경에 노출 시킨다

또한, 어릴 때부터 영어 듣기에 익숙해지도록 영어 환경에 노출
된다는 것이다. 핀란드는 인구가 500만 정도밖에 안 되는 작은 나
라라 자체 방영 프로그램이 많지 않다. 이 때문에 외국에서 수입한
그대로 영어로 방영되는 프로그램에 자연스럽게 접하게 된다. 이를
보고 자란 아이는 10~11살이 되면 영어를 알아듣는 수준이 된다.

③ 부모가 능숙하게 영어를 구사한다

이렇듯 어릴 때부터 영어 환경에 쉽게 노출되는데, 또 다른 주요
환경에는 부모가 있다. 영어를 쓰는 부모를 보며 듣고 자랐기 때
문에 자연스럽게 영어에 대한 거부감이나 어려움이 없고, 당연히
구사할 수 있는 언어로 인식한다. 영어에 대한 자신감과 영어 말
하기를 연습하기 위한 이보다 좋은 최적의 언어 학습 환경이 또
있을까?

④ 짝과 함께 공부한다

학교에서는 억지로 단어를 외우거나 시험을 보는 것 대신 익숙한 영어책을 함께 낭독하거나 따라 읽고, 짝과 말하기 연습을 한다. 그리고 확장 활동으로 영어 놀이나 게임을 한다.

이처럼 외국어 교육에 성공한 두 나라의 공통점은 부모가 어릴 때부터 학습자에게 자연스러운 영어 환경을 제공하고, 배우는 학습자 스스로 자주 반복해서 입으로 소리 내어 훈련하는 것이다. 나는 우리나라 엄마들 역시 그들 못지않게 지극정성으로 영어 환경을 만들어 주고 있다고 생각한다. 누군가는 집에서 직접 아이들에게 영어책을 사서 읽히고, 또 누군가는 사교육 기관을 통해 오랜 기간 투자한다. 각자 자신들에게 맞게 선택하여 영어 환경에 노출시키는 것이다. 다만 그들에 비해 조금 부족한 점이 있다면, 말하기 훈련을 충분히 하지 않는다는 것이다. 하브루타는 영어 말하기 훈련에 가장 적합하다. 짝과 소리 내어 읽고, 문장을 만들고, 서로 일러주고, 대화하는 하브루타로 훈련하면 영어 말하기가 자연스러워진다. 나와 내 아이, 내가 지도하는 아이들과 내 주변의 엄마들이 그것을 증명해 나가고 있다.

영어학습을 즐기는
아이가 된다

유튜브로
영어학습 즐기기

요즘엔 영어 공부를 할 수 있는 매체가 참 많다. 흔히들 알고 있는 영어 원서뿐 아니라 아이들의 시선을 끌 만한 유튜브나 TV 프로그램, 스마트폰 앱도 너무 다양해서 오히려 무엇을 선택하는 것이 좋을지 고민이다. 때문에 모든 부모의 단골 질문이 생긴다.

"이 많은 재료 중에서 어떤 것을 활용해 아이에게 영어학습의 재미를 붙여볼까?"

이 질문의 답은 의외로 간단하다. 아이에게 물어보고 아이가 선택하도록 하면 된다. 다양한 재료들을 하나씩 아이와 함께 해보고 어떤 것이 좋은지 이야기를 나누는 것이다. 이 방법 역시 하브루타다.

작은 아이는 뚝심 있게 앉아서 책을 읽는 점잖은 성향이기보다는 잠시도 가만히 앉아 있질 못하고 금세 싫증을 낸다. 그러다 보니 학습할 때 오랜 시간 이어서 할 수 없다는 것을 알았다. 그래서 긴 호흡이 필요한 애니메이션 DVD 영화나 영어책보다는, 10분 내외로 간단히 볼 수 있는 영어 애니메이션 유튜브나 스마트폰 앱을 더 자주 사용한다.

나는 유튜브를 사용할 때, 이것저것 다양한 영어 동영상을 보지 않고 최소 1~2주 정도는 아이와 함께 같은 것을 반복해서 본다. 사실 아이는 어릴수록 반복하는 것을 좋아한다. 아마도 아이를 키우는 부모라면 한번 재미 붙인 책을 여러 번 읽어줬던 기억이 다들 있을 것이다. 만약 아이가 반복해서 보는 것을 싫어한다면, 아이의 영어 수준보다 내용이 어렵거나 취향이 맞지 않을 확률이 높다. 그래서 나는 아이와 유튜브 시청 후 다시 볼 것인지 충분히 대화를 나눈 뒤 결정한다. 물론 동영상 선택에서도 중요한 것은, 내용을 짐작하기 쉽고 몇 단어라도 귀에 익기 쉬운 영상이어야 한다는 것이다.

영상을 보고 나면 아이에게 내용을 물어보고 하브루타 수업방식으로 간단하게 퀴즈 놀이를 한다. 아이는 동기부여가 되면 신나서 몰입한다. 이를테면, 《까이유Calliou》 시즌 1의 에피소드 1 〈까이유와 길버트Calliou and Gilbert〉에 나오는 까이유와 부모님의 대화 중에서 'play'란 단어가 몇 번이나 들리는지 서로 맞춰보는 식이다. 가끔 내용과 관계없는 "고양이에게 입혔던 옷은?" 같은 허를 찌르는 질문을 하기도 한다. 그러자 재미난 일이 일어났다. 아이가 반복된 영상을 집중해서 그런지 자주 들리는 단어에 대한 궁금증으로 질문이 많아지고, 크게 노력을 기울이지 않아도 영상에 나오는 최소 한두 문장의 대사를 외운다는 것이다.

스마트폰 영어 앱(APP)으로 놀아볼까?

"엄마, 오늘 밤엔 내가 이길 거야. 기대해."

작은 아이가 잠자리에 들기 전 내게 하는 말이다. 나는 가끔 아이와 단어 맞추기와 문장 만들기(순서 배열하기) 대결을 한다. 아이와 같이 스마트폰 앱을 등록해서 학습한 후 나란히 누워 시작 구호와 함께 누가 먼저 더 정확하게 답을 맞히고 끝내는지 대결하는 것이다. 내 아이는 처음 앱으로 공부하는 것이 신기한지 혼자서도 곧잘 했지만 이내 지겨워했다. 그래서 '어떻게 하면 계속할 수 있을까?' 고민하고 아이와 대화를 나눈 뒤 함께하기로 했다. 우리는 곧 서로 얼마나 더 많이 했는지 비교하기 시작했고, 결국 점수와 학습 시간을 재가며 게임하기에 이르렀다.

이렇게 단 5분~10분만 부모가 아이와 함께하면 영어학습을 즐겁게 이어갈 수 있다. 그리고 그 무엇보다 아이와 공통 주제로 지속적인 대화를 할 수 있다.

사실 어떤 앱이 좋으냐는 큰 의미가 없다. 아이와 같이 여러 앱을 무료 체험해보고 재미있어하는 것을 선택하면 된다. 아이가 조금 싫증 낸다면 앱을 바꾸면 된다. 초등 고학년이 된 작은 아이가 요즘 푹 빠져서 학습하는 앱은 학교에서도 많이 사용한다는 '클래스카드'다. 클래스카드는 단어나 문장을 암기하는 앱인데 세트마다 다양한 게임과 테스트가 있고, 많은 사람이 동시 접속하여 단어 배틀을 하며 순위를 매겨준다. 아이의 표현에 의하면, 단어 배틀을 하면 심장이 쿵쾅쿵쾅! 승부욕이 불타올라 멈출 수 없다고 한다.

영어책 읽기 싫던 아이,
영어책 매력에 빠지다

책 읽는 아이로 만들려면
부모의 노력이 필요하다

오랫동안 사교육 기관에서 아이들을 지도하며 영어 잘하는 아이들의 공통점을 찾았는데, 그것은 지속적인 부모의 관심과 책 읽는 습관이다.

지속적인 관심을 쏟는 부모란, 아이의 성향을 잘 알고 있으며 아이가 좋아하는 것은 무엇인지 혹여나 힘든 점은 없는지 끊임없이 관찰하고 대화하며 격려하는 부모다. 즉 아이의 현재 영어학습량보다는 아이의 학습 상태에 민감한 부모다.

책 읽는 습관 역시 부모가 길러주는 것이다. 부모는 책을 읽지 않으면서 아이에게 책 읽기를 강요한다고 해서 습관으로 이어지는 경우를 본 적이 없다.

작은 아이는 책 읽기를 그다지 좋아하는 편은 아니었다. 워낙 외부자극에 민감한 아이기도 하지만, 기억을 되살려 보면 어릴 적에 내 일이 너무 바쁘다는 핑계로 우리말로 된 책조차 제대로 읽어준 적이 없다. 그에 반해 큰아이는 초등 고학년이 될 때까지 거의 매일 밤 책을 읽어주었고, 지금도 혼자서 책을 즐겨 읽는다.

작은 아이가 어릴 때는 책 읽기의 중요성을 잊고 있다가 초등학생이 되어 학습을 시작하면서, 특히 어휘력과 이해력이 많이 부족하다는 것을 깨달았다. 설상가상으로 모국어가 떨어지면 영어를 배워도 이해하지 못한다는 점이다.

'improve(개선되다, 향상시키다)'란 단어에서 우리말인 '개선되다'라는 말을 모르는데 과연 이 영어 단어를 쓸 수 있을까?

나는 그날부터 작은 아이와 책 읽기 습관 만들기에 돌입했다. 아이에게 걱정되는 내 마음을 솔직하게 전달했고, 충분한 대화와 설득 끝에 시간과 기간을 정하기로 했다. 3개월 동안 매일 저녁 9시쯤 단 30분이라도 책을 함께 읽자고 말이다. 3개월로 정한 것은 '사람이 습관을 만드는 데 최소 66일이 걸린다'라는 글을 읽은 적이 있었기 때문이었다.

그러나 안타깝게도 아이는 3개월이 지나도 습관이 들지 않았다. 어떨 때는 생각지 못한 상황이 생기거나, 아이가 완강히 거부해서 읽지 못할 때도 있었다. 하지만 포기하지 않고 지금까지 아이와 조율해가며 책 읽기를 계속하고 있다.

하브루타 하며
영어책 읽는 재미를 알아가다

작은 아이가 어느 정도 우리말 책 읽기에 익숙해져 갈 때, 나는 영어책도 함께 읽어보자고 권했다. 하지만 그것 역시 공부라고 생각한 아이는 절대로 안 하겠다며 내게 엄포를 놓았다. 그러나 나는 작은 아이가 친구를 좋아한다는 것을 알았고, 그 친구 엄마에게 우리 집에서 주 1회 정도 함께 책을 읽도록 해달라고 부탁했다. 내 예상은 적중했다. 혼자서는 절대로 안 한다더니 친구와 함께 영어책 읽기는 해 보겠다는 것이다. 집 근처에 사는 친구는 주말이 되면 우리 집에 자주 왔다. 우리 집엔 내가 평소에 책 욕심으로 사둔 영어 책이 상당히 있었기 때문이다. 아이들은 그 많은 책 중에 최대한 글자 수가 적고, 쉬운 책만 쏙쏙 골라가며 읽었다. 그래도 괜찮다고 했다. 대신 대충 눈으로만 쓱 보지 않도록 음원을 틀어주고 글자를 손가락으로 꼭꼭 짚어가며 집중해서 읽도록 했다. 그렇게 읽고 나면 어떤 부분이 가장 기억에 남고 재미있었는지, 혹시 이해가 안 가는 부분은 없는지 등을 생각하게 한 후 책을 서로에게 소개하도록 했다. 물론 들으면서 궁금한 것이 생기면 무엇이든 질문해도 좋다고 했다. 간단하지만 하브루타를 아이들에게 접목한 것이다.

몇 달쯤 지나자 '내가 내 아이에게 잘 맞도록 하고 있구나!'란 생각이 들게 하는 일이 생겼다. "엄마, 내가 이 책을 읽어볼게. 잘 들어봐"라는 말을 들은 것이다. 그리고는 자신감 가득 찬 목소리로 책 한 권을 막힘없이 쭉 읽었다. 더 감사한 일은 짝에게 책의 내용을 우리말로 설명해 주기만 했는데도 평소 새로운 자극을 좋아해서 같은 책을 두 번 보는 일이 없던 아이가 자진해서 같은 책을 유창하게 읽을 때까지 반복해서 읽는 것이다. 그 뒤로도 아이는 여러 번 반복 독서를 하고서 한 권의 책을 유창하게 읽을 수 있게 되면 나에게 직접 읽어주며 책 속에서 퀴즈를 내기도 하고, 궁금한 것이나 내 생각을 묻기도 했다. 그렇게 아이는 어느 순간부터 점점 책 읽는 재미를 느끼고 있었다.

하브루타는
감동을 준다

영어책도 하브루타를 하면 그 감동과 앎의 깊이는 두 배가 된다. 나 혼자 읽으면 '책이 재미있구나!'라고 느끼는 데서 그치지만 같이 읽고 토론하면 모르는 것을 알아가는 즐거움이 커지고, 표현들이 더 잘 기억된다. 게다가 똑같은 텍스트라도 짝의 시각은 다르므로 내가 보지 못한 다른 면을 보는 예리함도 얻어갈 수 있다. 이는 직접 경험해서 느낀 바이며 내가 지도하는 엄마들이나 아이들 모두 나와 비슷한 반응을 보였다.

영어책 읽기를 막 시작할 때 작은 아이는 남들이 좋다고 추천해주는 책을 읽어도 그다지 감흥을 받지 못했다. 내 아이는 코믹하고, 역동적이고 약간은 엽기적인 것을 좋아한다. 그래서 최고로 좋아하던 책이 테드 아널드^{Tedd Arnold}의 《Fly Guy》 시리즈이다. 작은 아이가 신시아 라일런트^{Cynthia Rylant}처럼 서정적이고 잔잔한 이야기로 진행되는 《Henry and Mudge》 시리즈나 《Mr Putter &Tabby》 시리즈 같은 책을 읽었을 때 반응은 '엄마가 권하니 마지못해 읽는' 정도였고 한번 읽은 이후 이 작가의 책은 거의 손대지 않았다. 이 책들은 검색했을 당시 많은 리뷰가 달린 유명 도서여서 아예 시리즈로 샀는데, 한 권 정도 읽고 마는 것이 너무 아까워 한번은 같이 번갈아 가며 한쪽씩 읽자고 제안했다. 그리고 때를 놓치지 않고 질문했다.

마지막 장을 넘기며 아이에게 물었다.

"진아. 네가 정말 좋아하고 아끼는 물건이 있는데 어떤 사람이 너의 것을 부러워한다면 너는 어떻게 할 거야?"

아이는 잠시 고민하다 이렇게 대답했다.

"나도 그냥 줄 거 같아요."

평소에 장난감 욕심이 있었던지라, 내가 예상했던 답과 달리 주겠다는 의외의 반응을 보여서 살짝 당황했다.

"아깝지 않아? 진짜 갖고 싶었던 것이었는데 어떻게 줄 수 있어?"

"응, 퍼터 할아버지가 비행기를 선물했을 때 그 친구가 다른 친구들로부터 인기를 얻게 된 것처럼, 내가 좋아하는 물건이 그 사람에게 도움이 된다면 당연히 줄 것 같아요. 나는 그것을 그냥 좋아하는 것이지만 어떤 사람에게는 꼭 필요한 물건이니까요."

마냥 개구쟁이라고 여겼던 내가 약간은 부끄러워지는 순간이었다.

"엄마 같으면 쉽게 주기는 힘들 것 같은데 진이가 엄마보다 훨씬 낫네. 어쩜 이렇게 기특한 생각을 할까?"

《Mr Putter &Tabby Fly the Plane》을 읽고 아이의 기특한 생각에 진심을 담아 칭찬을 하며 책을 덮을 때였다.

"엄마, 우리 내일도 이 책을 읽어볼까요? 이 책은 내가 두 번째로 좋아할 것 같아요."

영어책을 읽고 하브루타 했더니 좋아하는 책이 생겼다. 그렇게 첫 번째, 두 번째, 세 번째 점점 좋아하는 책이 생겼다. 가끔은 내가 권하지 않아도 아이가 이 책을 재미있게 읽었는데 엄마도 알았으면 좋겠다며 책을 가져와 하브루타를 하자고 한다.

지금 당장 또래보다 조금 늦다고 해서, 너무 소심해서 남 앞에 나서지 못한다고 해도 나는 걱정하지 않는다. 그냥 이렇게 조금씩 좋아하는 책이 생기고 자기 생각을 표현할 수 있는 아이라면 분명 머지않아 스스로 성장할 수 있으리라 믿기 때문이다.

영포자,
영어 자신감을 되찾다!

영어를
포기한 아이

어느 중학교 방과 후 영어 수업 오리엔테이션^{OT}에서 만난 아이가 큰 소리로 말했다.

"전, 이미 영어를 포기했어요."

겸연쩍게 웃는 아이를 보니 꼭 예전의 내 모습을 보는 것만 같아 안쓰러운 마음이 들었다.

"벌써 영어를 포기하지 않아도 돼. 나도 영어를 포기했던 사람인데 지금 영어 강사를 한단다."

"무슨 말인지도 모르겠고, 왜 해야 하는지도 모르겠고, 재미도 없고……. 그냥 안 할래요. 저는 자주 도망갈지 몰라요. 신경 쓰지 마세요."

"그런데 왜 영어 수업을 신청한 거야?"

"엄마가 그냥 한 거예요……."

그렇게 중학교에서의 첫 영어 수업은 스스로 공부할 생각이 하나도 없지만, 부모의 강요로 억지로 해야 하는 아이들과 시작했다. 이유가 무엇이든, 나는 영어 수업을 들어보겠다고 자리에 앉아 있는 아이들을 보며 생각했다. 중학생이란 시기에 현실적으로 영어 공부의 재미를 빨리 찾기는 힘들겠지만, 그만큼 효과적으로 공부하는 방법, 영어를 쉽게 포기하지 않고 해보겠다는 도전의식을 가질 방법만이라도 일러주자고 말이다.

과연 제대로 진행될지 우려 속에 시작한 영어 수업은 내 걱정과 다르게 흘러갔다. 차수가 진행될수록 아이들 스스로 영어책 스토리를 파악하며 읽는 즐거움을 조금씩 깨달았고, 하브루타로 짝과 활동하면서 영어가 재밌어진다고 말해주었다.

영어 하브루타,
문제 만들기 활동이 재미있다고?

영어를 포기했다고 큰 소리로 말하던 아이는 나를 만날 때마다 늘 다음 수업은 들어오지 않겠다며 엄포를 놓았다. 하지만 감사하게도 한 번도 빠지지 않고 수업시간에 참여했다. 그러나 영어책을 읽을 때는 곤혹이었다. 아예 영어 단어 자체를 읽지 못했기 때문이었다. 다른 아이들이 먼저 음원을 듣고 손가락으로 따라가며 눈으로 읽는 연습을 하고서 스스로 소리 내어 책 읽기 연습을 할 때, 그 아이는 비슷한 수준의 짝과 더듬더듬 나를 따라 한두 쪽 정도를 읽었다. 그래도 짝과 하는 활동에 있어서 누구보다 적극적이고 신나게 참여했다. 단 몇 쪽이라도 짝과 책을 읽고 내용을 이해하고 분석을 하고 나면 1:1로 짝과 복습 겸 확인을 위해 게임을 진행하는데, 이때 승부욕이 발동했는지 어떻게 하든 집중해서 하려고 애를 썼다. 가끔 짝과 한 팀이 되어 모든 아이와 다 같이 하는 전체 게임에서는 자신이 모르는 것을 여기저기 물어보고, 나름대로 짝에게 피해를 주지 않도록 배려하는 모습까지 보여주었다. 나는 그 모습이 예뻐서 늘 옆에 가서 유심히 지켜보곤 했다.

이 아이가 내게 놀라움을 안겨준 것은 하브루타 수업방법인 문제 만들기 활동을 했을 때였다. 문제 형태는 아이의 수준이 낮을수록 문장을 그대로 베껴 쓰거나 단어를 한두 개 바꾸어 OX 퀴즈로 출제하도록 했고, 수준이 높을수록 본인이 하고 싶은 대로 자유롭게 만들도록 했다. 모든 아이가 카드 하나에 한 문제씩, 여러 개의 문제 카드를 출제하고 반으로 접어서 통에 담아두면 짝과 번갈아가며 통에서 문제를 뽑아 와서 짝과 답을 찾도록 했다. 문제에 대한 답을 찾아내면 1점을 얻고, 문제 자체가 틀린 것을 발견하면 2점을 얻을 수 있다. 물론 긴장감을 위해 약간의 게임형식으로 정해진 시간 내에 최대한 많은 점수를 얻는 팀을 이기게 했다.

그날 나는 아이들이 문제를 대충 아무렇게나 낼 것이라 짐작했지, 그렇게 꼼꼼하게 글을 읽고 또 읽으리라고는 상상도 못 했다. 그리고 그 짧은 책에서 그렇게나 많은 문제가 출제될 수 있다는 것도 놀라웠다.

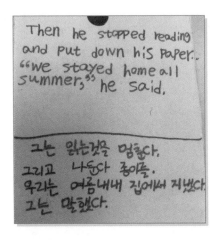

또한 영어 문제를 짝과 해결하기 위해 문제를 소리 내어 읽고, 책을 뒤적거리며 아이들은 놀라운 집중력도 발휘했다.

그렇게 출제된 문제를 뽑아 짝과 풀어가며 각자 자신의 팀 점수 올리기에 열을 올리고 있을 때, 한 아이가 문제가 이상하다면서 이의 제기를 했다. 종이에는 간단한 영어문장과 해석이 적혀있었는데, 종이에 적힌 글만 보고서는 무엇을 묻고 싶은지 출제 의도가 분명하지 않다고 했다.

내가 그 문제를 낸 아이가 누군지 물어봤을 때 손을 든 친구는 놀랍게도 영어를 포기했다는 아이였다. 비록 몇 줄 안 되는 문장이지만 그 아이의 수준에서 이런 문제를 만들기까지 무척 공을 들였음이 분명했다. 얼마 전까지만 해도 영어를 포기했으니 내버려 두라며, 영어 공부는 절대로 하지 않겠다고 입버릇처럼 말하던 아이가 이젠 날 보며 종종 묻는다.

"선생님, 우리 영어 문제 언제 만들죠?"

영어 자신감을 조금씩 회복하다

방과 후 영어 수업에서 나는 집중 반복해서 독서를 시켰다. 급한 마음에 이것저것 가르치려 하기보다는 하나라도 제대로 알게 하는 것이 더 효과적이라는 생각 때문이었다. 다만 아이들이 지루하게 느끼지 않도록 단순히 책을 읽는 것에서 그치지 않고 수시로 간단한 미션이나 게임을 했다.

보통 수업은 책을 이해하는데 꼭 알아야만 하는 영어 단어를 미리 정리해서 암기하게 한 뒤 책의 내용을 손가락으로 짚어가며 음원을 따라 읽는다. 그런 다음 혼자 한 번 더 읽은 후 책을 덮고 그 내용을 우리말로 정리하여 서로 짝에게 설명한다. 서로 설명하기를 할 때는 집중력을 높이고 긴장감을 주기 위해 제한 시간을 주는데, 짝의 이야기를 잘 들으면서 잘못된 내용을 수정하거나 미처 설명하지 못한 내용을 추가해서 넣도록 했다. 설명하기가 끝나면 본인들이 설명한 것과 번역이 비슷한지 비교해본다. 아이들이 비교적 이해가 잘 되었다고 생각이 들면 이어서 문제를 내게 한다. 물론 그 문제의 답은 당연히 출제한 자신이 알고 설명도 할 수 있어야 한다. 낸 문제들을 모아서 선별하여 칠판에 붙여두고, 짝과 팀을 이루게 한 후 모두가 문제를 같이 풀어보게 한다.

이렇게 짝과 공부하는 하브루타 방법을 적극적으로 활용했던 약 8개월간의 수업이 마무리되던 날 아이들은 아쉬운 마음과 함께 간단한 소감을 말해주었다.

"단순히 스토리만 읽었다면 이런 내용이구나! 하고 그냥 넘어갔을 텐데 친구들과 이야기를 나누니 잘 몰랐던 것이나 새로운 것을 깨달을 수 있어서 재미있다."

"문제를 만들려고 하다 보니 영어문장이나 단어를 유심히 살펴보게 된다."

"친구가 들어주니 더 말하고 싶어진다."

"영어 단어는 알아야 게임을 할 수 있으니 어쩔 수 없이 외워야 한다."

그 무엇보다 내가 감사하게 느낀 것은, 다른 아이들보다 영어 레벨이 월등히 높아서 혹시나 '시시하게 여기지 않을까?'하고 조금은 신경이 쓰였던 아이의 입에서 나온 말이었다.

"선생님, 저도 공부를 제대로 할 수 있을 것 같아요. 그동안 좋은 정보를 많이 주시고 진심 어린 조언들도 감사했어요. 한 번씩 선생님께 연락드려도 될까요?"

내가 아이들에게 직접 공부할 기회를 주지 않았더라면 아마도 이런 반응은 없었을 것 같다. 아예 영어를 포기했던 아이는 비록 단 몇 달 만에 영어를 잘하진 못했지만 그래도 영어 공부를 해 보겠노라고 약속해 주었다. 아이들은 이렇게 조금씩 성장했다.

도전이 두렵지 않은
아이들!

아이들과 소통하기 위한
하브루타

"왜 영어를 배우니?"

"영어 공부하는 것이 재미있니?"

이것은 나와 영어 관련하여 만나게 되는 모든 사람에게 항상 제일 처음 묻는 말이다.

내가 지금까지 만난 아이들은 영문도 모르고 엄마한테 이끌려

와서 그냥 앉아 있던 경우가 대부분이다. 간혹 본인이 배우고 싶어서라고 말하는 아이들은 이미 학교 진도를 따라가기 너무 벅차서 어쩔 수 없이 온 경우가 많다. 그동안 우리는 아이들에게 영어학습에 대한 당위성과 장점을 알려주려고 했지 하브루타처럼 "왜?"에 대한 질문을 하지 않았기 때문에 자신 스스로 진지하게 고민해볼 만한 기회를 준 적이 없다.

공부는 학습자의 몫이기 때문에 '왜 공부하는지?', '공부하면 내게 어떤 이득이 생기는지?'가 마음에 와닿지 않는다면, 아무리 강사가 가르치려 해도 배움이 일어나지 않는다는 것을 경험을 통해 안다.

그래서 나는 아이들에게 수시로 '왜?'와 '어떻게?'라는 질문을 적절히 사용하면서 하브루타로 소통하려고 애를 쓴다. 또한 될 수 있으면 상상만으로도 설렐만한 목표를 제시해준다. 설사 약간 무모하고 허황한 이야기라 하더라도 잘 활용하기만 하면 아이들의 마음을 충분히 열 수 있다.

몇 달 전 내가 운영하는 학원으로 초등 5학년이지만 아직 알파벳조차 모르는 아이가 왔다. 엄마는 그동안 아이를 받아주는 학원이 없어서 공부를 못 시켰다가 내가 개원했다는 소식을 듣고 왔다고 했다. 예상대로 아이는 또래보다 인지학습 속도가 현저히 느렸다. 그렇지만 크게 장난을 치거나 과격한 행동을 하지 않는 온순한 친구였다.

한날은 동생들과 배운 파닉스Phonics 단어로 영어게임을 하는데, 자신의 차례에 말하지 못했고 결국 동생들에게 카드를 빼앗겼다. 아이는 나에게 눈물을 들키지 않으려 재빨리 닦아냈다. 나는 모른 척 넘어갔지만, 다음날 수업하기 전 아이를 잠시 불러 이야기했다.

"너는 만들기를 좋아한다고 했지? 너처럼 창의적인 재능 가진 사람들이 자신이 만든 작품을 전 세계인들 앞에서 소개하는 축제가 있는데 한번 들어볼래?"

그렇게 한참을 메이커 페어Maker Fair라는 것을 소개하며 대화를 나누었다.

"선생님은 네가 학원에 일찍 와서 차분하게 매일 꾸준히 그날 배운 것을 따라 읽고, 열심히 단어도 외우고 하면 네가 중학생이 되었을 때쯤엔 다른 친구들만큼 영어를 할 수 있을 거로 생각해. 그때가 되면 너와 꼭 같이 그 축제에 참여하고 싶은데… 가능할까?"

아이는 지금 자기가 할 수 있을 만큼 최선을 다해 영어를 배우고 있다. 며칠 전에는 내게 학교 영어 시간에 점점 알아들을 수 있는 것들이 생겨서 기쁘다고 했다. 남보다 늦었지만 누구보다 정확하게 알려고 애쓰고, 하나를 알면 그것을 다른 사람에게 가르칠 수 있을 만큼 반복하기로 약속한 것을 지켜나가고 있는 것이다.

매일 작은 도전을 하는 아이들!

나는 평소에 아이들에게 숙제라는 말보다 미션이란 말을 참 많이 한다. 내게 있어 미션은 늘 도전 거리다. 비록 소소하고 별것 아니라 할지라도 아이들이 미션을 수행하면 작은 재미와 성취감을 느낄 수 있도록 꼭 그에 따른 보상을 해준다.

이를테면 영어문장 10개 3분 안에 만들기, 영어문장 50개 2분 안에 읽기, 간단한 영어책 5권 따라 읽고 녹음하여 단체 채팅방에 보내기, 테스트 점수 80점을 100점으로 만들기 등과 같은 미션이다. 미션은 숙제가 아니라서 꼭 하지 않아도 되지만 쉽게 해볼 만한 도전 거리라 즐겁게 참여하는 편이다.

평소 암기를 잘하던 주온이는 그날따라 유독 초등 800단어가 암기되지 않아 테스트 점수가 별로 좋지 않았다. 그렇지만 일주일 안에 100점 만들기 미션을 위해 매일 틈틈이 단어 암기를 했고, 본인에 의하면 정확히 120번 반복한 끝에 결국 미션을 완성했다. 주온이의 사례는 다른 아이들도 꾸준히 미션을 도전하게 만드는 자극제가 되었고, 평소에도 하나의 문장이나 단어를 완벽히 기억하기 위해서 수천 번을 반복해야 한다는 내 말에 힘을 실어 주었다.

아이들은 이제 몇 번 해보고 "안돼요."라는 말은 하지 않는다. 그냥 자신이 할 수 있을 때까지 도전을 계속한다.

영어책 출판에 도전하다

몇 년 전, 아는 작가가 간단한 방법으로 아마존에 자신의 영어책을 출판했다는 소식을 듣고 오랫동안 영어를 공부해온 어학원 아이들과 '6개월 안에 영어책 출판하기'에 도전해 본 적이 있다. 하브루타를 하며 만나게 된 발견하는 창 출판사 대표님 덕에 나의 큰아이가 한글로 된 판타지 소설책을 국내 출판하면서 자신감을 회복하고 자신의 진로를 스스로 찾은 것처럼, 당시 내가 지도하던 아이들도 자신의 영어 실력도 점검하고 엄청난 성취감을 얻을 좋은 기회가 되리라 생각했기 때문이었다.

나의 영어책을 출판해 보자는 말 한마디에 아이들은 곧 들뜨기 시작했고, 마치 자신이 세계적인 작가가 될지 모른다는 꿈에 부풀었다.

솔직히 말하면 그땐 나도 이 거대한 미션을 성공하게 될지 확신은 없었다. 내 주변에서는 우리말로도 글쓰기를 못 하는 아이들이 무슨 영어를 쓰느냐고 너무 애쓰지 말라며 만류했다. 그런데도 마치 이미 작가가 된 듯 상상을 하는 아이들을 보면서 크게 욕심내지 말고 딱 우리가 할 수 있을 만큼만 도전해보자고 마음먹었다. 혹시 책을 출판하지 못한다고 해도 미션을 도전하면서 아이들은 지금보다 분명 성장할 것이라 믿었기 때문이다. 그렇게 우리는 2018년 2월 말~8월 초까지 매주 토요일마다 만나서 자신만의 창작 스토리를 만들어 글을 썼다(아이들과 진행했던 미션(프로젝트)에 대한 좀 더 자세한 내용은 5장에 다시 언급하기로 한다). 그리고 정확히 10개월 만에 참여했던 모든 아이가 출판했다.

그때 소감을 전한 엄마의 말이 아직도 떠오른다.

"만약 내게도 영어책을 써보는 기회가 있다면 못 하겠다고 수많은 핑곗거리를 대면서 피할 것 같은데 아이들은 단지, 하고 싶다는 마음만으로 용기 내어 도전하겠다고 하네요. 역시 다르네요."

아이들은 도전을 별로 두려워하지 않는다. 그저 재미있을 것 같아서 하고 싶다는 마음이 들면 그냥 한다. 그리고 나는 이렇게 하고 싶은 마음이 들게 하는 것은 친구와 함께 소통하며 배우는 하브루타 때문이라고 믿는다. 하브루타를 하다 보면 계속해서 고민하게 되고, 새로운 아이디어가 떠오른다. 꼭 성공적인 결과만을 기대하지 않는다. 설사 오늘 안 되면 내일 다시 해보면 그만인 것이다.

"배운 것을 복습하는 것은 외우기 위함이 아니다.
몇 번이고 복습하면 새로운 발견이 있기 때문이다."

– 탈무드 中 –

3장

엄마와 대화하며
공부하는
영어 하브루타 실천법

아이와 정서적 교감을 나누는
영어 그림책 베드타임 스토리Bedtime story

기적을 만드는 시간,
베드타임 스토리

베드타임 스토리는 부모가 자녀가 잠들기 전에 그림책, 동화 등
의 이야기를 들려주고 대화를 나누는 하브루타로 베갯머리(침대 머
리) 교육, 베드 사이드 스토리Bed side story라고도 한다. 유대인들은
이 시간을 자녀를 재우기 직전 시간에 부모와 대화와 교감을 통해
교육하기 가장 좋은 시간이며, 자녀의 일생에 커다란 영향을 미치

는 매우 중요한 시간으로 여긴다.

나에게 있어서 베드타임 스토리 시간은 그 어떤 시간보다 소중하다. 오롯이 아이에게만 집중할 수 있는 시간이기 때문이다. 우리는 앞서도 잠깐 언급했듯이 먼저 한글로 된 그림책으로 하브루타를 시작했고, 그중 감동한 책의 원작은 어떻게 쓰여 있는지 내가 궁금해서 영어 그림책도 읽어보자고 제안했다. 그렇게 부담 없이 읽은 책들이 하나씩 늘어가면서 영어 그림책 하브루타도 하게 된 것이다. 영어 그림책 하브루타라고 해서 영어로 말하는 것은 아니다. 책의 언어가 영어일 뿐 내용을 이해하고 이야기 나누는 것은 우리말로 한다.

그런데 그리 특별한 것이 없는 영어 그림책 베드타임 스토리가 내게 특별한 선물을 주었다. 먼저 아이는 나와 함께 이야기 나누며 읽은 영어 그림책에 감동하면서부터 별 거부 없이 다양한 종류의 영어책을 자주 들여다보게 되었고 좋아하는 작가가 생겼다. 내아이들에게 가장 감동적인 영어책을 꼽으라고 하면 당연히 로버트 먼치Robert Munch의 《언제까지나 너를 사랑해Love you forever》이라고 할 것이다. 우리가 얼마나 많은 대화를 나누었으며 잠이 들 때면 다같이 노래를 부르고, 내가 그 책을 읽으며 눈물을 글썽이던 모습도 기억할 것이다. 우리는 한번 빠져버린 이 책 덕분에 로버트 먼치의 작품을 모조리 읽었다.

그리고 나와의 관계를 매우 좋게 만들었다. 나는 당연한 것으로 알고 있었지만, 학부모 한 분이 나와 초등학교 5학년인 아들과 어쩜 이렇게 다정할 수 있느냐고 물어보는 바람에 우리의 관계가 특별하다는 것을 깨닫게 되었다. 아이는 지금도 하루의 일과 중 나와 함께 하는 영어 그림책 베드타임 스토리를 가장 좋아한다. 오히려 이제는 내가 아이에게서 더 많은 감동과 위로를 받기도 한다. 우리는 밤마다 이야기꽃을 피우느라 시간 가는 줄 모른다. 엄마 사랑해와 뽀뽀를 덤으로 받으면서 말이다.

베드타임 스토리는 학습 시간이 아니다

베드타임 스토리는 아이가 부모를 독점하는 행복한 시간이다. 살을 맞대고 누워 부모가 들려주는 이야기를 듣고 대화를 나누는 이 시간이 소중하고 좋은 기분이 들도록 해야 한다. 이 시간을 어떻게 보내느냐에 따라 아이가 영어에 친숙해지는 계기를 마련하고, 영어책 스토리에 흥미를 갖도록 하며, 스스로 영어책을 집어들 수 있는 동기를 부여할 수 있다.

사실 베드타임 스토리에서 부모의 영어 실력은 크게 중요하지 않다. 아이들에게 영어 그림책을 읽어주라고 권유할 때마다 시도해 보지도 않고 변명부터 찾는 것이 너무 안타깝다. 대부분의 이유는 영어를 못한다는 것이다. 멋진 영어 실력보다 더 중요한 것은 아이와의 관계와 함께 성장하겠다는 마음가짐이다. 어쩌면 나처럼 영어를 잘하지 못하는 부모일수록 이렇게 영어책을 읽어줄 기회를 얻는 것에 감사해야 한다. 부모가 못할수록 아이의 마음을 더 잘 이해해 줄 수 있고 아이의 적은 노력에도 칭찬해 줄 수 있기 때문이다. 그리고 영어 그림책을 읽기 시작하면 엄마의 영어 실력도 점차 나아지니 일단 해보자.

다만 베드타임 스토리에 긍정적인 기억을 가지고 기분 좋게 잠자리를 맞이하도록 영어 단어를 외우도록 부담을 주거나 내용을 잘 이해하는지 확인하고 싶은 욕심을 완전히 내려놓아야 한다. 영어 그림책은 영어학습서가 아니라 문학 작품이다. 가르치려고 하면 책이 주는 감동은 완전히 깨져버리기 때문이다.

"이 단어는 무슨 뜻이야? 이 부분 해석해볼래?"라는 것은 바람직한 질문이 아니다. 이렇게 묻는 순간 아이는 자신의 능력을 시험하려 든다는 것을 눈치채고 더 함께 읽지 않으려 한다. 한 번 듣고 완벽하게 이해했으면 하는 것은 엄청난 욕심이다. 설사 아이가 다 이해하지 못했다고 해도 아이는 그림을 보며 이야기를 상상하거나, 앞뒤 문장이나 문맥을 유추해가며 논리적으로 사고하는 힘을 기르게 된다. 그리고 많은 책을 읽으면서 비슷한 표현을 반복하고 스스로 비교하면서 깨달을 수 있게 된다. 이렇게 오랜 시간 스스로 생각해서 익힌 표현은 진정으로 아이의 것이 된다.

또 아이가 이해하지 못할 것 같다는 지레짐작으로 먼저 설명하면 안 된다. 아이가 궁금하지 않고 질문하지 않았는데 구구절절 해석하고 설명해 줄 필요가 없다는 말이다. 장황한 설명은 오히려 스토리 속에 빠지는 것을 방해하니 괜한 고생만 하는 셈이다. 아이가 영어 그림책을 거부하지 않고 잘 듣는 것 같은데 질문하지 않는다면 어느 정도 스토리가 이해되었거나, 그림을 보며 상상을 하는 중이기 때문일 것이다. 그저 아이가 하는 이야기에만 집중하자.

베드타임 스토리
실천방법

1. 영어 그림책을 읽어주기 전에 엄마가 먼저 소리 내어 읽어라

영어로 읽는 책이니만큼 읽지 못해 머뭇거리면 아이의 집중력은 떨어진다. 물론 같이 음원을 들어도 되지만 기계 소리보다는 엄마의 목소리로 들려주는 그림책 이야기가 훨씬 집중도가 좋고 안정감이 든다. 어느 정도 짐작되는 그림책을 읽으면 그림으로 유추가 되기 때문에 단어를 찾지 않아도 되지만, 그것은 아이에게 해당하는 경우이고 그림보다는 글의 내용에 시선이 가는 성인인 엄마는 뜻을 모르면 내용 파악이 안 되니 답답하고 이야기가 재미없다. 만약 발음이 걱정된다면, 꼭 음원을 듣고 들리는 대로 흉내 내면서 몇 번씩 따라 읽기를 하면 된다.

2. 그림책을 읽으면서 아이에게 묻고 싶은 몇 가지 질문을 미리 만들어라

질문에 익숙해지지 않으면 단순히 책을 읽어주기만 하고 끝낼 수 있다. 그러면 감흥이 잘 일어나지 않는다. 책의 내용과 그림을 천천히 들여다보고 생각을 나누며 읽을수록 그림책의 참맛이 나타나기 때문이다. 질문만 잘 활용하면 아이와의 대화를 원활하게 오래도록 이어갈 수 있다. 그러니 미리 몇 가지 질문을 만들어 두고 아이에게 물어보자.

3. 책은 표지부터 꼼꼼히 보자

책 표지 역시 메시지를 담고 있을 수 있으니 표지를 보면서 이야 기 나누길 추천한다. 아이에게 책에 대한 호기심과 흥미를 불러일 으켜 줄 수 있다.

"진아, 여기 왜 쥐가 검은색일까?"

"음, 책 표지가 검은색이고, 제목도 Seven Blind Mice인 걸 보면 앞을 못 보는 쥐 이야기인가 봐요. 그래서 앞 색을 검게 칠한 것 아 닐까요?"

"그렇구나, 진이가 만약 앞을 못 본다면 어떨 것 같아?"

《일곱 마리 눈먼 생쥐Seven Blind Mice》를 읽기 전에

4. 책을 읽으면서 질문하되 되도록 내용을 확인하는 사실 질문 은 아이가 먼저 할 수 있도록 배려하라

"엄마 as가 무슨 뜻일까요?"

아이가 이야기 속에 쏙 빠지면 이렇게 질문한다. 만약 질문하지 않아도 상관없다. 이미 알고 있거나 짐작되기 때문에 묻지 않는 것 일 테니 말이다.

"글쎄 진이는 무슨 뜻 같아?

"음, 같다는 것 같아요."

"이야, 대단한데! 어떻게 알았지?"

《일곱 마리 눈먼 생쥐Seven Blind Mice》를 읽으면서

나는 내가 먼저 단어의 뜻을 묻거나 아이가 내용을 묻는 말에 곧바로 답하지 않는다. 아이에게 한번 생각해 보도록 기회를 주고, 잘 모르겠다고 하면 간단히 알려준다. 하지만 아이에게 생각하는 힘을 길러주기 위해 "네 생각은 어때?", "어떤 기분이 드니?", "다른 방법은 없을까?", "너라면 어떻게 할 것 같아?" 등의 상상을 하는 질문이나 삶의 변화나 배움이 일어날 수 있는 적용 질문은 꼭 한다.

5. 책을 덮으며 가장 인상 깊은 장면이나 소감을 물어본다

책에 대한 감동을 한 번 더 상기시켜줄 수 있고 교훈이나 시사점을 찾을 수 있다.

"진아, 생쥐들이 무엇을 착각한 것 같니?"

"자기들이 느낀 것이 마치 전부라고 생각한 거요."

"진이는 왜 생쥐들이 코끼리 전체를 볼 수 없었다고 생각해?"

"그건 생쥐들에게 색깔이 있어서요. 색이 있으니 자기 색만 보이는 거죠. 흰 쥐는 강한 자신만의 색이 없어서 다 볼 수 있었잖아요."

"와, 자기만의 색깔이 있어서 본인이 보고 싶은 것만 봤다는 의미네? 자신이 만든 틀에 맞춰 생각하고 해석하는 것을 '프레임에 갇혔다'라고 표현한단다. 엄마도 직장생활을 하다 보니 어른들은 자신의 프레임이 너무 강해서 이미 만들어 둔 틀을 깨기가 쉽지 않더라고. 엄마도 마찬가지고……. 그래서 본의 아니게 오해가 생기고 하더구나. 진이는 어때? 친구들의 말을 잘 수용하고 들어주는 편인 것 같아?"

《일곱 마리 눈먼 생쥐Seven Blind Mice》를 읽고 나서

6. 영어 그림책에서 알게 된 단어나 문장을 골라 문장 만들기 놀이를 한다

문장 만들기는 책에 나온 문장을 그대로 활용하여 단어나 위치를 바꾸어 새로운 문장을 만드는 간단한 활동이다. 스스로 문장 만들기 놀이를 자주 하다 보면 영어 어순을 빠르게 인지할 수 있고, 표현을 오래 기억할 수 있다. 다만 바로 쓰라고 하진 않고 늦더라도 입으로 천천히 말해보도록 한다. 그리고 내가 아이가 만들었던 문장을 엄마가 정리하여 한 번 더 말하도록 해준다. 그날

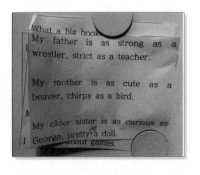

아이가 만든 문장은 메모지에 적어두고 오며 가며 볼 수 있도록 붙여둔다.

베드타임 스토리, 어떤 책을 고르면 좋을까?

영어 그림책으로 베드타임 스토리를 하려고 마음먹었다면, 그림만 봐도 어느 정도 내용이 짐작되거나 뜻을 모르는 단어의 수를 손으로 셀 수 있을 만큼 쉬운 책이 좋다. 그래야 이야기에 쉽게 빠져들 수 있다. 낯설고 어려운 단어가 많으면 아이는 재미를 느끼지 못한다. 만약 아이가 어리다면 JYbooks의 《노래 부르는 영어 동화》 시리즈처럼 단순하고 같은 문장(패턴)이나 한두 문장이 여러 번 반복되어 쉽게 영어 표현을 익힐 수 있는 것이 좋지만, 이미 초등학생이라면 영어 실력이 낮아도 앤서니 브라운Anthony Browne의 책처럼 생각할 거리가 많은 책이 좋다. 아무래도 나이가 있다 보니 단순하게 문장이 반복되거나 큰 그림으로만 구성된 책이 시시하게 느껴질 수도 있기 때문이다.

나는 주로 웬디북(www.wendybook.com)이라는 영어 원서 사이트에 들어가서 시리즈·캐릭터, 인기 작가, 수상작 순으로 영어 그림책을 검색해본 다음 책의 상세 정보나 엄마들의 리뷰를 살펴보고 책이 한글로 번역되어 있으면 거의 산다. 한글 번역서가 있다는 것은 이미 세계적으로 유명하고 좋은 책이라고 검증받은 것이기 때문에 소장할 만한 가치가 있다.

또 다른 팁이라면 도서관에서 영어책을 빌려와서 아이와 읽었는데 거부 반응 없이 잘 보거나 아이 스스로 재미있다고 말해준 작가의 다른 작품을 읽어보는 것도 좋다. 아이와 작가의 유머 코드가 맞거나 주인공이 아이와 닮은 점이 있어 감정이입이 잘 되거나 좋아하는 그림체일 확률이 높다.

수많은 영어책 중에서 아이가 좋아할 만한 책을 고르는 것이 처음엔 막막하겠지만 조금 지나고 보면 아무것도 아니다. 먼저 부모가 가볍게 읽어보고 아이에게 읽어주고 싶은 마음이 드는 책을 빌려다가 같이 읽으면 된다. 만약 아이가 별 반응이 없으면 바로 덮어두고 다른 책을 또 빌려서 읽으면 그만이다. 그렇게 한두 권씩 쌓이다 보면 내 아이의 독서 성향을 파악할 수 있고, 얼마 안 가 아이 스스로 영어 그림책을 고르게 된다. 아이가 책을 골라 읽기 시작하면 당연히 좋아하는 작가도 생기고, 점점 더 책에 빠져들어 문체를 흉내 내어 쓰는 일도 생긴다. 아이가 좋아할 만한 책을 찾는 것은 넓은 바닷속에서 보물을 찾아내는 것처럼 엄청난 수확으로 돌아올 테니 약간의 수고를 들일만 하지 않을까?

<h1>아이와 베드타임 스토리하기 딱 좋았던 책 추천</h1>

돼지책Piggy Book

앤서니 브라운Anthony Browne

가족의 역할과 가치, 가족이 다 같이 행복해지는 방법을 다룬 책이다.

- 비슷한 주제를 다룬 함께 읽기 좋은 책 : 《우리 엄마My Mum》, 《우리 아빠(My Dad)》, 《고릴라 Gorilla》, 《우리 형My Brother》, 《달라질 거야Changes》

겁쟁이 윌리Willy the Wimp

앤서니 브라운Anthony Browne

자신의 약점을 노력으로 극복하는 윌리 이야기, 마지막 장의 반전으로 웃음을 준다.

- 비슷한 주제를 다룬 함께 읽기 좋은 책 : 《겁쟁이 빌리Silly Billy》, 《윌리와 구름 한 조각Willy and the Cloud》, 《윌리와 악당 벌렁코Willy the Champ》, 《윌리와 휴Willy and Hugh》, 《어떡하지What If...?》

언제까지나 너를 사랑해Love You Forever

로버트 먼치 Robert Munch

엄마의 사랑에 관해 다룬 책이다.

- 비슷한 주제를 다룬 함께 읽기 좋은 책 : 《내가 아빠를 얼마나 사랑하는지 아세요Guess How Much I love you》, 《언젠가 너도Someday》, 《아낌없이 주는 나무The Giving Tree》, 《엄마 나 사랑해Mama, Do You Love Me?》, 《There, There》

떨어진 한쪽, 큰 동그라미를 만나
The Missing Piece Meets the Big O

쉘 실버스타인 Shel Silverstein

자기에게 맞는 환경을 기대하거나 다른 사람에게 의존하기보다는 스스로 삶을 개척해 나가야 한다는 것을 일깨워 주는 책이다.

- 비슷한 주제를 다룬 함께 읽기 좋은 책 : 《어디로 갔을까, 나의 한쪽은The Missing Piece》, 《저마다 제 색깔A Color of His Own》, 《줄무늬가 생겼어요A Bad Case of Stripes》, 《달라질 거야After fall》

마음이 아플까 봐The Heart and the Bottle

올리버 제퍼스Oliver Jeffers

소중한 사람을 잃은 상실감에 상처받을까 봐 아픈 마음을 병 속에 담아두지만 작은 아이 덕분에 제자리로 돌아온다.

- 비슷한 주제를 다룬 함께 읽기 좋은 책 : 《오른발, 왼발Now One Foot, Now the Other》, 《무릎딱지 La Croute》, 《행복을 나르는 버스Last Stop on Market Street》, 《Something from Nothing》, 《애니의 노래Annie and the Old One》, 《천둥케이크Thunder Cake》

모자를 보았어We Found a Hat

존 클라센John Klassen

하나밖에 없는 모자를 갖고 싶은 욕심이 있지만 상대방의 마음을 헤아리며 배려하는 모습이 담긴 책이다.

- 같은 작가 시리즈(&Mac Barnett) : 《이건 내 모자가 아니야This Is Not My Hat》, 《내 모자 어디 갔을까? I Want To My Hat Back》, 《세모Triangle》, 《네모Square》, 《동그라미Circle》, 《샘과 데이브가 땅을 팠어요Sam & Dave Dig a Hole》, 《애너벨과 신기한 털실Extra Yarn》

일One

캐드린 오토시Kathryn Otoshi

파랑을 괴롭히는 빨강, 그때 나타난 1은 다른 색깔과 달리 빨강에 용기 있게 대항한다. 서로 다름을 알고 자신의 고유한 매력을 인정하며 다양한 친구들과 함께 어울려 가는 기쁨을 알려주는 책이다.

- 같은 작가 시리즈 : 《영Zero》, 《이Two》

아기 오리들한테 길을 비켜주세요Make Way for Ducklings

로버트 맥클로스키Robert McCloskey

사회와 환경의 변화에도 함께 살아가는 세상의 따뜻한 모습을 보여 주는 책이다.

- 비슷한 주제를 다룬 함께 읽기 좋은 책 : 《작은 집 이야기The Little House》, 《날아라 함께Fly High, Fly Low》, 《마이크 멀리건과 증기 삽차Mike Mulligan and His Steam Shovel》

Hmm…

콜린 맥노튼Colin Mcnaughton

유쾌하면서도 행운이 넘치는 아기 돼지 프레스턴과 프레스턴을 쫓아다니지만 계속 실패만 하는 늑대 이야기. 서로 다른 관점에서 대화하는 장면이 인상적이다.

- 같은 작가의 시리즈 : 《갑자기Suddenly》, 《아이쿠!Oops!》, 《슛, 골인!Goal》, 《OOMPH!》, 《BOO!》

같음과 다름을 분석하는 재미,
영어책 비교하기

비교하기를 하면
무엇이 좋을까?

비교하기는 비교할 대상을 두고 유사점과 차이점을 찾아서 분석해가며 하브루타를 하는 것이다. 그렇다면 비교하기를 하면 어떤 점이 좋을까? 비교는 유사점과 차이점을 논의하고 대조하면서 궁금증을 만들고, 이를 주제로 토론하며 다양한 사고를 하도록 자극한다.

나는 베드타임 스토리에서 한글 그림책 하브루타를 하고 뒤이어 영어 그림책으로 하브루타를 시작하면서 자연스럽게 비교 하브루타도 할 수 있었다. 그 뒤로 아이와 더 많은 이야기를 나누고 싶어서 아예 한글번역본과 영어책을 두 권 준비해서 비교하며 토론했고 점차적으로 같은 주제, 등장인물, 배경, 사건 등이 비슷한 책을 찾아가며 비교했다.

　이렇게 비교 하브루타를 하면 첫째, 감동을 두 배로 받는다. 책이 두 권이니 각각의 책마다 주는 감동 또한 두 배이다.
　둘째, 영어와 우리말의 차이를 금방 파악할 수 있다. 어순에 대해서 굳이 알려주지 않아도 질문해가면서 비교하면 스스로 쉽게 파악한다.
　셋째, 차이점과 유사점을 찾기 위해 대충 흘려보지 않고 유심히 들여다보는 습관이 생겨 관찰하는 능력을 키울 수 있었다.
　넷째, 조금 더 풍성한 이야깃거리로 하브루타 할 수 있었다.

비교 하브루타
실천방법

1. 영어 원서와 한글번역본을 비교하며 읽기

한글책과 영어책을 비교하며 읽기는 사실 아이보다는 아이에게 영어 그림책을 읽혀주고 싶은데 영어라는 부담을 느끼고 있던 엄마들과 영어 그림책 하브루타를 하면서 더 많이 활용했던 방법이다. 두 책을 함께 보면 일단 내용을 빠르게 파악할 수 있으므로 부담 없이 책을 읽을 수 있고, 우리말과 영어의 차이점을 발견하는 재미가 있다.

① 영어책을 읽고, 어떤 내용을 담고 있는지 간단하게 말한다

"이 책은 레오나르도가 자신이 잘할 수 있는 것을 찾은 것 같은데요."

"그러게 괴물이라는 기준에서 보면 레오나르도가 작고 약하지만, 또 한편에서 보면 다른 괴물과 달리 사람과 좋은 친구가 될 수 있는 장점이 있네. 역시 어디에 기준을 두느냐에 따라 자신을 바라보는 가치가 달라지는 것 같아."

《정말 정말 한심한 괴물, 레오나르도Leonardo the Terrible Monster》를 읽고

② 궁금한 것이나 이해가 안 되는 부분은 없는지 물어본다

"근데, 왜 모 윌리엄스^{Mo Willems}는 굳이 글을 대문자로만 적은 걸까요?"

"네 생각은 어때?"

"잘 모르겠어요."

"내 생각에는 대문자를 사용해서 일상에서 낯선 존재인 괴물의 느낌을 두드러지게 하려고 한 거 같아. 엄마가 알기로는 대문자로만 쓰는 글은 상대방에게 강요나 소리를 지르는 느낌을 준다고 하더구나."

③ 책 내용 중 재미있거나 감동적이거나 혹은 중요하다고 생각되는 부분을 소개하고 자신의 소감을 말한다

"레오나르도가 한 말이 너무 웃겨요. 나도 겁을 줘서 울릴 수 있다고! 라고 말한 부분이요. 괴물은 누군가를 겁주고 울려야만 하는 존재일까요?"

④ 한글책과 서로 비슷한 점이나 차이점을 찾아 말한다

"엄마, 우리말 해석이 다른 것이 있네요. 책 표지에 'Your pal Mo Willems presents'라는 문장이 한글책에는 '자신감 없는 친구에게 들려주는 이야기'로 바꿨네요. 표지 뒷면의 내용도 완전 다르고….

그런데 'Scare the tuna salad out of him!'은 '눈물을 왈칵 쏟을 만큼 겁을 주다'라는 뜻이에요? 왜 눈물을 왈칵 쏟는 것을 tuna salad라고 해요?"

"실은 엄마가 외국인 친구한테 물어보니깐 엄청나게 놀랄 때 쓰는 말이래. 우리도 너무 놀라면 '똥(오줌)을 쌀 뻔했다'라고 표현을 하잖아. 그것처럼 외국인들도 'the shit out of~'라고 한대. 다만 shit이 좋은 말은 아니니까 모 윌리엄스가 그냥 'tuna salad'라고 말장난을 한 거 같다고 하더라."

⑤ 영어책을 들춰가며 잘못 이해했던 부분이나 새로 알게 된 문장을 찾아 단어를 바꾸어 문장 만들기를 한다

> <아이가 책에 나온 문장에 단어만 바꾸어 만든 문장>
> Would you scare the tuna salad out of someone?
> I've really scared the tuna salad out of mom.

2. 비슷한 주제·배경·장르 혹은 사건을 다루었지만, 입장과 관점에 따라 다르게 전개된 영어책끼리 비교하며 읽기

아이가 정말 좋아했던 로런스 안홀트Laurence Anholt의 《Seriously Silly Colour》, 《Seriously Silly Stories》 시리즈는 명작동화를 패러디

비교해서 읽으면 더 재미있는 책 추천

이건 내 모자가 아니야This Is Not My Hat

존 크라센Jon Klassen

영어책보다는 한글책이 서술어의 접미사 덕분에 좀 더 주인공이 귀엽고 아기자기한 느낌이 든다.

대단한 오줌 싸게 대장I have to go

로버트 먼치Robert Munsch

영어책과 한글책의 제목이 주는 느낌이 다르다. 영어책의 표지를 보면서 어디를 가야 하는지? 정말 궁금해하며 많은 이야기를 나눴었는데, 한글책 제목을 보면서 오줌싸개 아이의 이야기일 것 같다는 내용이 미리 짐작되어 조금 아쉽다.

곰 사냥을 떠나자We're Going on a Bear Hunt

마이클 로젠Michael Rosen

반복되는 텍스트로 박자감이 선명해 놀이에 활용할 수 있고, 읽는 것만으로도 리듬감을 느낄 수 있다.

깊은 밤 부엌에서In the Night Kitchen

모르스 샌닥Maurice Sandak

우리말로 읽을 때보다는 라임(Rhyme)이 있고 리듬과 억양이 있는 영어책으로 읽을 때 읽는 재미가 확 느껴지는 책이다.

다 붙어버렸어!Stuck

올리버 제퍼스Oliver Jeffers

아이의 방법으로 문제 해결을 하려 하지만 오히려 더 복잡해진다. 아이의 상상력을 자극할 만한 책. in order to ∼, to ∼ (부사적 용법), 관계대명사같이 문법책에서 봄 직한 영어문장표현도 익힐 수 있다.

선생님은 몬스터!My Teacher is a Monster!(No, I am Not)

피터 브라운Peter Brown

playtime—학교 쉬는 시간, favorite spot—비밀장소처럼 영어 단어와 우리말 단어 하나 하나를 비교하면서 읽으면 더 재미있다.

한 것으로 기발한 상황과 독특한 아이디어로 내용이 전체적으로 엽기적이고 우스꽝스러운 상황을 연출하며 한 번 책을 잡으면 멈출 수 없게 만든다. 이 책의 읽는 재미를 진정으로 느끼려면 역시 명작동화를 꼭 읽어야 한다.

① 비슷한 주제의 책을 찾아 음원을 틀어놓고 손가락으로 단어를 짚어가며 책을 읽는다

꼭 두 권의 책을 앉은 자리에서 동시에 읽을 필요는 없다. 한 권을 읽고서 시간을 두고 그다음 책은 천천히 읽어도 되는데 다만 나중에 기억이 나도록 엄마가 공통점이나 차이점을 물어보아야 한다.

② 공통점과 차이점을 이야기 나눈다

"진아, 미운 오리 새끼와 아주 못생긴 아기 오리의 공통점이 뭐라고 생각하니?"

"둘 다 못생겨서 괴롭힘을 당한 오리라는 것이요. 그런데 한 마리는 백조였고 한 마리는 진짜 못생긴 오리였어요."

《미운 오리 새끼The Ugly Duckling》와 《냄새 고약한 치즈맨과 멍청한 이야기들The Stinky Cheese Man and Other Fairly Stupid Tales》에 수록된 〈아주 못생긴 아기 오리The Really Ugly Duckling〉를 읽고

③ 질문하며 대화한다

"결말이 다르구나. 그런데 두 번째 아기 오리가 자신이 백조라고 확신했던 이유는 뭘까?"

"오리들의 세계에 첫 번째 이야기가 전해 내려오는 것을 듣지 않았을까요?"

"아, 그럴 수 있겠구나. 그 이야기를 들은 두 번째 오리는 자신도 그 첫 번째 이야기의 주인공이 될 것이라고 착각한 거네. 결국 자신의 본모습을 제대로 알지 못했던 거지."

"맞아요. 한 마리는 자신을 과소평가했고 또 한 마리는 과대평가한 거죠."

"만약 자신을 제대로 알았다면 자신의 모습을 있는 그대로 인정받으려고 노력했을까?"

"네, 저라면 그럴 것 같은데요. 상황을 극복하려면 노력하지 않으면 안 되니까요."

"진정 자신을 안다는 것은 무슨 의미일까?"

"내가 무엇을 좋아하고, 할 수 있고, 중요하게 생각하는지 아는 것이요."

④ 책에 나온 문장을 활용하여 문장 만들기를 한다

<아이가 책에 나온 문장에 단어만 바꾸어 만든 문장>

He didn't know that he would grow up to be a pretty swan.

⑤ 비교한 것을 종이에 쓰고,
간단하게 자기 생각이나 소감을
덧붙여 정리하여 쓴다

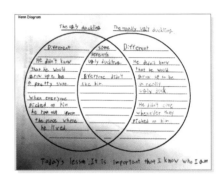

비교해서 읽으면 더 재미있는 책 추천

눈 오는 날The Snowy Day	Snow
에즈라 잭 키츠Ezra Jack Keats	유리 슐레비츠Uri Shulevitz
눈 오는 날 Peter의 기쁨, 아쉬움, 안도 감정변화를 다룸	눈 오는 것을 기대하는 아이와 별 감흥 없는 어른의 모습 대조
개미와 배짱이 The Ant and the Grasshopper	프레드릭Frederick
고전 이야기Classic Tales	레오 리오니Leo Lionni
열심히 일하는 개미와 노래 부르는 베짱이 이솝우화	겨울이 다가오자 열심히 양식을 모으는 들쥐와 햇살, 색깔, 이야기를 모은다는 프레드릭 이야기

신데렐라Cinderella	Prince Cinders	Seriously Silly Stories : Cinderboy
고전 이야기|Classic Tales	배빗 콜Babette Cole	로렌스 안홀트 Laurence Anholt
계모의 구박을 받는 신데렐라	구박받는 Cinders(신데렐라 남자 버전)	
아기돼지 삼형제The Three Little Pigs	늑대가 들려주는 아기돼지 삼형제 이야기|The True Story Of The 3 Little Pigs	
고전 이야기|Classic Tales	죤 세스카Jon Scieszka	
아기돼지를 잡아먹으려는 늑대와 늑대를 물리치는 돼지 이야기	늑대의 입장에서 들려주는 아기돼지 삼형제의 이야기	
아기돼지 삼형제The Three Little Pigs	아기 늑대 세 마리와 못된 돼지 The Three Little Wovles and the Big Bad Pig	
데이브드 위즈너David Wiesner	유진 트리비자스Eugene Trivizas	
아기돼지 삼형제 이야기(기존의 동화책 속에서 공간을 이동해가며 이야기가 전개된다)	아이 늑대 세 마리와 고약한 돼지 이야기	
골디락스와 곰 세 마리 Goldilocks and the Three Bears	골디락스와 공룡 세 마리 Goldilocks and the Three Dinosaurs	
마리 파뤼Marie Paruit	모 윌리엄스Mo Willems	
골디락스과 곰 가족 이야기	공룡 가족이 사람을 잡아먹기 위해 기다렸지만 골디락스가 알아채고 도망가는 이야기	

TIP

영어책을 읽으면서 만들었던 문장은 작은 카드로 만들어 모아 두면 정해진 시간 내에 빠르게 읽기 미션이나 간단한 말하기 게임을 하면서 즐겁게 반복하며 익힐 수 있다. (구체적인 게임 방법은 5장에 언급)

가르치며 배우는 효과적인 영어학습, 친구 가르치기와 문제 만들기

친구 가르치기란?

친구 가르치기란 공부할 범위를 따로 정해 각자 공부한 후 짝에게 자신이 알게 된 내용을 서로 가르치는 것을 말한다. 비슷한 수준의 친구가 각자 공부해서 서로 가르친다면 더할 나위 없이 좋지만, 집에서도 가르치기를 활용하면 참 좋은 공부 방법이 될 수 있다. 집에서 할 때는 각자 따로 공부하지 않고 엄마와 같은 내용을 읽고 서로에게 자신이 이해한 내용을 알려주는 단순한 방법으로 하면 된다. 간단하지만 학습효과는 크다.

1. 메타인지를 통해 학습능력을 높일 수 있다

메타인지는 자신이 알고 있는 것과 모르는 것을 스스로 구분하는 능력이다. 자신이 이해한 내용을 요약·정리하여 자신의 말로 짝에게 전달하면서, 머릿속에서 막연하게 알고 있던 개념이 정확하게 정립되고 모르는 것을 구분하는 메타인지 능력을 높일 수 있게 된다. 이러한 메타인지 능력이 높을수록 모르는 내용만 공부하면 되니 효율적으로 학습할 수 있다.

2. 공부한 내용은 확실히 자신의 것으로 만들 수 있다

자신이 학습한 내용을 그저 전달하는 것이 아니라 말로 풀어서 가르치려면 학습한 내용을 확실하게 이해하고 있어야 한다. 또한 듣는 사람도 가만히 듣기만 하는 것이 아니라 내용에 대해 질문하기 때문에 대충할 수가 없다.

3. 즐겁게 이야기 나누며 능동적인 학습을 할 수 있다

가만히 앉아서 수동적으로 듣기만 하는 학습은 집중 시간이 짧고 지루하기에 십상이다. 하지만 자신이 주도하여 본인이 아는 내용으로 상대방을 가르치는 활동은 재미있다. 학습에서 제일 중요한 배움에 대한 재미를 느끼면 강요하지 않아도 스스로 열심히 한다.

친구 가르치기
실천방법

가르친다는 것은 아무래도 학습을 목적으로 하다 보니 학교 영어 교과서 내용을 설명하거나 독해, 영작, 문법 등을 익히고 풀이하는 데 가장 유용하게 적용할 수 있다. 특히 문법은 정해진 규칙에 따라 단어를 배열하여 문장을 만드는 방법으로 정확한 영어문장을 만들기 위해서 익혀야 한다. 실제로 아이들이 문법 개념을 제대로 익히면 쉽게 말하고 쓸 수 있다. 이때 친구 가르치기는 자신이 알고 있는 만큼 설명할 수 있으므로 문법적 개념을 명확히 하는 데 가장 좋다. 여기에 문제 만들기 하브루타를 더해 훈련하면 영어 시험 성적을 올리는 데에도 놀라운 성과를 가져올 수 있다.

문법책으로 하는 친구 가르치기 하브루타는 다음과 같다.

1. 문법책 고르기

시중에 나오는 문법책은 거의 비슷하므로 어떤 문법책을 활용해도 크게 상관없다. 나는 단순하게 구성된 것을 선호하는 편이라

《절대로 틀릴 수 없는 중학 필수 영문법》,《초등영문법 777》,《문법은 쓰기다》시리즈를 사용한다.

2. 오늘 익힐 부분에 대한 문법 설명을 소리 내어 읽기

이때 눈으로 읽을 때 보다 손가락으로 짚어가며 낭독하면 훨씬 집중도가 높아진다.

3. 문법 설명을 읽고 이해되지 않는 부분 질문하기

"엄마, 현재완료 : 과거와 현재를 하나의 문장으로 동시에 표현한다는 것이 무슨 말이에요?"

4. 질문에 대한 답을 같이 찾아보기

"'I have lived in Gimhae for five years.'란 말은 '5년 전에 살기 시작했는데 지금 현재에도 쭉 살고 있다.'라는 것을 의미한단다. 만약 'I lived in Gimhae.'라고 하면 과거에 김해에 살았다는 사실만 알려줄 뿐 현재도 계속 사는지 안 사는지 알 수가 없지. 그래서 '현재완료는 과거에 한 행동이 현재에도 영향을 미치고 있을 때 사용하는 거라 동시에 표현한다.'라고 하는 거야."

혹시 아이의 질문에 대한 답을 명확히 알지 못해도 크게 걱정할 것이 없다. 요즘은 유튜브 동영상이나 EBS 플러스 강좌 책을 사면 제공되는 문법 설명 영상이 너무나 잘되어있기 때문이다.

5. 문법 설명한 부분을 여러 번 소리 내어 읽기

여러 번 반복해서 소리 내어 읽으면 한두 번 읽었을 때 보이지 않던 단어, 표현이나 문법 구조가 보이기도 하고 암기력과 이해능력을 더 향상할 수 있다.

6. 아이가 엄마에게 설명하기(가르치기)

이때, 엄마는 설명을 잘 들으면서 아이가 했던 질문이나 꼭 알고 있어야 하는 개념을 질문한다. 만약 아이가 답을 모르면 엄마가 설명해 주면 된다.

"have+pp의 모습으로 쓰라고 하는데, pp는 뭐야?"

"과거분사요. 동사에 과거형을 붙여서 형용사처럼 꾸며주기 위해 쓰는 건데, '~된, ~되어진'처럼 수동이나 완료의 의미를 나타내요."

7. 가르치기가 끝나면 책에 있는 문제 풀기

8. 다 푼 문제를 채점하면서 소리 내며 문제 풀이하기

9. 책에 있는 문제를 활용하여 나만의 문제 만들기

학교 시험 완벽 대비할 수 있는 문제 만들기

문제 만들기는 학교 시험에서 진가를 발휘한다. 왜냐하면 시험문제는 무엇이 중요한지, 무엇을 알아야 하는지 등의 고민을 거쳐 나오는데, 자신이 문제를 만들다 보면 출제자의 관점에서 그 의도를 파악하는 훈련을 하는 셈이기 때문이다.

실제로 큰아이가 중학교 시험 기간에 평소 특별히 어렵게 느끼는 과목을 나에게 가르친 후 문제를 내보고 기대 이상의 성적 결과를 받은 적이 있다. 그때 아이가 집에 돌아온 뒤 들뜬 표정으로 내게 했던 말을 아직도 생생하게 기억한다.

"엄마, 내가 냈던 문제가 학교 시험에 그대로 나왔어요. 애들은 헷갈려서 많이 틀렸다고 하더라고요. 정말 놀랐어요."

문제 만들기 방법은 다음과 같다.

1. 출제 범위 정하기

2. 문제별로 난이도를 달리하여 쉬운 단계부터 어려운 단계까지 차례로 문제 내기

이때, 낼 문제의 개수는 상의하여 정하고 출제자가 신중하게 문제를 낼 수 있도록 잘못 문제를 낼 때 벌칙 등을 미리 나누면 좋다.

3. 낸 문제를 다른 사람이 풀어보기

만약 문제를 풀 만한 사람이 없으면 출제한 사람이 직접 풀면서 소리 내어 문제 풀이를 해도 된다.

4. 문제를 다 풀면 문제 풀이를 하며 가르치기

"He have decided to change his job.에서 have는 has로 바꿔야 해. 왜냐하면 주어가 3인칭 단수거든."

5. 혹시 잘못 낸 문제나 말로 풀이가 안 되는 문제가 있으면 비슷한 유형의 문제를 몇 개 더 만들어 풀어보기

<아이가 자주 만들던 문제 유형>

① 개념 및 문법 용어 묻기(난이도 ★)

현재완료는 무엇일까?

② 제시된 단어 중 맞는 것 찾기(난이도 ★)

You (have/has) met him once.
We have (visited/visit) our grandparents.

③ 괄호에 알맞은 단어 쓰기(난이도 ★★)

I ＿＿＿＿＿ ＿＿＿＿＿ sick since yesterday.

④ 틀린 문장 바르게 바꾸기(난이도 ★★)

I never have spoke his name.

⑤ 영작하기(난이도★★★)

그는 나를 만난 적이 없다(met).

⑥ 서로 다른 것 찾기(난이도★★★)

다음 어법상 맞지 않는 것을 고르세요.

①I have lived here for two month.
②She has work in the hospital for 2 years.
③He has lost his job.
④Have you ever eaten Kimchi?
⑤They have read the book twice.

아이에게 지속해서 동기부여 하기 위해 간식 메뉴판을 만들어서 아이가 특별히 가르치거나 문제를 내며 영어 공부를 할 때마다 보상했다. 문제를 낼 경우 문제의 개수나 난이도에 따라 차등으로 달러(가짜 돈)를 주는데 만약 출제자가 문제를 잘 못 내었으면 벌칙으로 달러를 빼앗기도 한다.

아이의 실력과
생각을 끌어내는 질문놀이

질문하는 아이가
진정한 실력자

　아이들은 교사나 부모의 질문에 답하는 것에 익숙해져 있어서
"What do you like to eat?"하고 물으면 곧바로 대답하지만, 거꾸
로 질문을 해보라고 하면 당황한다. 평소에 질문해본 적이 없어서
무엇을 어떻게 물어봐야 할지 모르기 때문이다. 한쪽이 일방적으로
질문만 하고 다른 쪽은 답만 한다면 제대로 된 의사소통이라고 할

수 없다. 흔히 하는 수다도 서로 주거니 받거니 말이 오가야 재미있다. 내 경험상 질문을 할 수 있는 아이는 답도 잘하지만, 답을 할 줄아는 아이가 질문 역시 잘한다고 보장하긴 어렵다. 즉 질문의 수준은 아이의 영어 실력과 정비례하는 것이다.

영어질문 만들기로 실력을 키우자!

나는 이제 막 영어학습을 시작하는 아이들이라면, 수준에 맞는 짧은 책을 활용하여 음원을 따라 흉내 내어 읽는 연습을 자주 한다. 흉내 내기는 자연스러운 영어 발음이나 억양을 배울 수 있는 유일한 방법이기 때문이다. 그리고 책에 쓰인 문장의 틀을 그대로 활용하여 자신만의 문장을 만드는 연습을 한다. 말이 활용이지 사실 꽤 간단하다. 주어진 문장을 떼거나 다른 문장을 붙이거나 다른 단어들을 바꿔 넣어보면서 자기 마음대로 문장을 만들어보는 것이다. 이렇게 문장 만드는 연습을 한 아이들은 나중에 글쓰기를 해도 큰 어려움 없이 스스로 문장을 응용하여 새로운 문장을 잘 만들어낸다. 영어질문 만들기도 여기서부터 시작했다.

영어질문 연습하기 1.
사실 질문(의문문)하기

책에서 보던 문장을 활용해 의문문을 바꾼다. 나는 책에 있는 문장을 그대로 질문한다고 해서 사실 질문이라고 한다. 아이가 아예 글을 읽지 못하는 수준이라면 동사 하나로 의문문을 바꾸기도 한다(이 부분은 나중에 4장에 다시 자세히 다루고자 한다). 이 방법은 이제 막 영어를 시작하거나 영어 말하기에 능숙하지 않은 아이와 한 단계씩 레벨을 올리며 하는 질문놀이다. 어느 정도 영어책 읽기와 말하기가 되는 아이들은 영어책 내용으로 바로 질문을 만들도록 하면 된다. 주의할 점은 문장을 보자마자 바꿔서 답이 나올 수 있을 만큼 사실 질문이 충분히 연습 되어야 다음 단계의 질문도 잘할 수 있다.

① 책에 나온 문장을 Yes/No 의문문으로 만들어 질문하기

주어, 동사의 자리를 바꾸거나 Do 동사를 활용하여 문장을 만드는 방법이다.

(1) 의문문으로 만든다.

They always have cookies together.

(그들은 항상 함께 쿠키를 먹는다.)

→ Do they always have cookies together?

(그들은 항상 함께 쿠키를 먹나요?)

(2) 짝에게 질문하고 답을 한다. 이때 yes/no라고만 답할 수 없고, 완전한 문장으로 다시 말해야 한다.

A: Do they always have cookies together?

(그들은 항상 함께 쿠키를 먹나요?)

B: Yes, they always have cookies together.

(네, 그들은 항상 함께 쿠키를 먹어요.)

(3) 질문자와 응답자의 역할을 바꿔 다시 연습한다.

② 책에 나온 문장에 의문사를 넣어 의문문으로 만들기

이는 Yes나 No로 답이 나오는 일반 의문문보다 좀 더 다양한 답이 나올 수 있는데, 역시 간단하게 단어로만 말하면 안 되고 문장으로 만들어 답해야 한다.

(1) yes/no 의문문형태로 만든다.

Do they always have cookies together?

(그들은 항상 함께 쿠키를 먹나요?)

(2) 의문사(What/Who/Where/When/How/Why)를 넣는다.

What do they always have together?

(그들은 항상 무엇을 먹나요?)

(3) 질문하고 답한다.

A: What do they always have together?

(그들은 항상 무엇을 먹나요?)

B: They always have cookies together.

(그들은 항상 함께 쿠키를 가지고 있어요.)

(4) 역할을 바꿔서 한다.

영어질문 연습하기 2.
상상 질문하기

상상하는 질문은 정해진 답이 없고 상상력을 발휘하도록 만드는
질문이다.

(1) 의문사를 활용해서 의문문을 만든다. if 가정법 문장을 만들기
도 한다.

Why do they have cookies together?

(왜 그들은 같이 쿠키를 먹나요?)

If they didn't eat cookies together, what would they happen?

(만약 그들이 함께 쿠키를 먹지 않는다면, 무슨 일이 일어날까?)

(2) 질문하고 답을 한다. 마찬가지로 답은 문장으로 하도록 한다.

Because they are friends.

(그들은 친구이기 때문이에요.)

I think they would lost their best friend.

(나는 그들이 그들의 가장 친한 친구를 잃었을 거라고 생각해요.)

(3) 주고받으며 연습한다.

영어질문 연습하기 3.
적용 질문하기

나와 연관되어 질문하는 방법이다.

How about you? Do you like to share something with your friends?

(너는 어때? 너는 친구들과 뭔가를 나누는 것을 좋아하니?)

What is the most important thing in a friendship?

(우정에서 가장 중요한 것은 무엇이니?)

영어질문
활용하기

아이와 만들었던 질문을 카드로 만들어 두고 지속해서 말하기 연습을 해보는 것도 좋다. 가끔 우리말로 질문을 적어 둔 것을 보고 바로 영작하여 질문하고 영어로 답하는 훈련도 한다. 물론 우리말로 된 질문은 아이가 이전에 직접 영어문장을 보고 의문문으로 만든 것을 그대로 우리말로 옮겨 적은 것뿐이다. 질문 카드는 즉흥적인 순발

력과 기억력을 요하기 때문에 적당한 성취감을 주면서 같은 문장을 여러 번 반복하여 입에서 자연스럽게 나올 때까지 연습할 수 있는 도구가 된다.

질문 만들기에
활용하기 좋은 책 추천

　나는 영어질문 만들기는 리더스 북으로 한다. 영어 그림책은 순수창작물로 어휘의 제한을 두지 않고 문학적으로 쓴 글이기 때문에 우리 같은 외국인에게 낯선 단어가 많고, 짧은 글 속에 함축적인 내용을 담고 있어 이해하는 데 시간이 걸린다. 반면 리더스 북은 스토리의 즐거움이 있으면서 아이들의 읽기 능력 향상을 위해 만들어진 책이기 때문에 수준에 따라 적절한 어휘나 문장으로 구성되어 있기 때문이다. 물론 책의 문장을 전부 다 바꾸지 않고 비슷한 동사의 시제와 쓰임에 따라 몇 가지 문장을 추려내어 질문을 만든다.

질문 만들기 좋은 책 추천

《Biscuit》시리즈, 《Eloise》시리즈, 《Hello Readers》1~2단계, 《Step Into Reading》1단계, 《I Can Read》My First단계

동사가 대부분 현재형으로 되어있는 간단한 리더스

《ORT》시리즈, 《Fly Guy》시리즈, 《Henry and Mudge》시리즈, 《Frog and Toad》시리즈, 《Nancy Fancy》시리즈, 《Step Into Reading》2단계 ~3단계, 《I Can Read》1단계

동사가 과거형으로 된 비교적 짧은 문장이 많다.

《Amellia Bedelia》시리즈, 《Curious George》리더스 시리즈, 《Poppleton》시리즈, 《Ready to Read》2단계, 《I Can Read》2단계

어휘가 다양하고, 문장이 조금 더 길다.

《Mr Putter and Tabby》시리즈, 《Cowgirl Kate and cocoa》시리즈, 《Step Into Reading》4단계

챕터 형식으로 문장이 길다.

《Mercy Watson》시리즈, 《Nate the Great》시리즈, 《Horrid Henry Early Readers》시리즈

다양한 대화문이 있어서 동사의 시제가 많이 섞여 있다.

서로 다른 생각을 알아가는 재미,
토론과 논쟁하기

토론과 논쟁은
왜 해야 하는 걸까?

토론Discussion은 주어진 주제에 대한 제 생각을 나누는 것이고, 논쟁Debate은 논제를 정하고 그에 대한 의견을 찬반으로 나누어 근거를 토대로 상대방을 설득시키는 것이다. 특히 논쟁은 논제를 냉철하게 분석하고 자신의 주장에 타당한 근거를 찾아 스스로 정리하고 표현하기 때문에 지적 수준이 높다. 전성수 교수는 짝을 지어

질문하고, 대화하고, 토론하고, 논쟁하는 하브루타의 단계 중에서 가장 수준 높은 단계가 바로 논쟁이며 따라서 중학생 정도는 되어야 본격적으로 할 수 있다고 했다. 그만큼 수준 높은 논리성이 요구된다.

토론과 논쟁을 하면 첫째, 자기 생각이나 주장을 논리정연하게 표현할 수 있는 말하기 능력이 생긴다. 자신이 알고 있는 어휘나 문장을 최대한 활용하여 논리에 맞게 배열하고, 핵심 문장으로 정돈된 표현할 수 있게 된다.

둘째, 상대방의 의견을 경청하고 논리적으로 빈틈을 찾아내는 능력을 기를 수 있다. 자신의 주장을 정당화하기 위해서는 상대방의 말을 주의 깊게 듣고 그 주장의 모순이나 논리적 오류, 부적절한 사례 등을 찾아내어 반박할 수 있는 능력이 생긴다.

셋째, 상대방의 주장에 반박하며 비판적 사고력을 기를 수 있다. 논쟁을 준비하면서 반대 의견의 근거를 예측하고 그 근거에 반박할 수 있는 자료 또한 마련하기 때문에 상대방 관점에서 생각하는 비판적 사고력이 길러진다.

마지막으로 글쓰기 능력이 발달한다. 토론이나 논쟁을 준비하며 주제의 내용 요약이나 자신의 주장, 근거 등을 미리 작성하거나 토론과 논쟁 후에 대화 나눈 내용이나 제 생각에 대해 정리하며 논술 능력이 발달한다.

물론 영어로 토론이나 논쟁을 제대로 하려면 막힘없이 영어를 구사할 수 있어야 한다. 또 그 정도 할 수 있는 아이라면 모국어를 영어로 쓰는 자격증이 있는 원어민이 지도하는 것이 맞다. 하지만 영어 실력이 부족해도 시도할 수는 있다. 굳이 토론이나 논쟁의 형식을 갖추지 않아도 평소에 자주 생각을 묻는 말에 자기 생각을 답하거나 짧게라도 주제를 요약하여 말하는 연습을 하면 된다. 영어가 능숙하지 않다면 우리말과 섞어서 써도 무방하다. 그동안 아이들을 지도했던 경험으로 보아 자기 생각을 우리말로 야무지게 표현하는 아이들은 영어를 덧입히면 되지만, 영어를 잘해도 생각하는 힘이 없으면 토론과 논쟁 자체가 안 된다. 그러니 우리말 독서와 토론을 절대 게을리하지 말자.

토론과 논쟁,
어떻게 하면 될까?

1. 관심을 끌 만한 쉬운 주제(논제) 정하기

주제는 처음부터 사회적인 이슈보다 일상생활에서 흔히 겪을 법한 흥미롭고 가벼운 주제로 시작하는 것이 좋다. 이를테면, '학생들의 숙제 양은 적절한가?', '수업시간에 스마트폰을 사용을 허락해야할까?', '시험은 꼭 필요한가?' 같은 것이다. 이런 주제는 아이들의 공감을 이끌기 쉬워서 더욱 비교적 편안하게 생각을 주고받을 수 있다. 또한, 아동용 키즈타임즈^{Kidstimes} 같은 초등 영자신문, Debate 교재, 이솝우화, 원서(그림책·소설), Ted-Ed 등을 읽거나 시청하고서 주제를 정해도 좋다.

2. 말하고 생각을 이어갈 수 있도록 계속 질문하기

처음에는 엄마가 질문하고 아이의 어떤 답이라도 소홀함 없이 귀담아 들어줘야 한다. 문법적인 오류나 완벽한 문장을 말하도록 지적하기보다는 부담 없는 마음으로 어떤 말이라도 할 수 있도록 도와야 한다. 엄마가 질문을 많이 할수록 아이도 점차 엄마를 따라서 질문하게 되고, 자연스럽게 생각을 나누며 토론하고 나아가 찬반으로 나눠서 논쟁까지 이어갈 수 있다.

"The teacher told a lie, but the students also didn't do the right thing, so which one is at fault more?"

(훈장님은 거짓말을 했고 학생들 역시 올바른 행동을 하지 않았어. 그렇다면 누가 더 잘못한 걸까?)

"I think the teacher is more at fault than the students."

(제 생각에는 훈장님이 더 잘못한 것 같아요.)

"Why do you think so?"(왜 그렇게 생각해?)

"Because he is a teacher."(왜냐하면 선생님이기 때문이죠.)

"Can you explain in more detail what you mean?"(무슨 의미인지 설명해주겠니?)

"A teacher's responsibility is guard the students. If the teacher tells a lie than the students might also tell a lie."

(훈장님은 학생들을 잘 이끌어야 하는 책임이 있거든요. 훈장님이 거짓말을 한다면, 학생들도 거짓말을 할 거예요.)

"But in my opinion, the teacher can tell a lie in a moment for keeping his value of things. If it doesn't involve the students then it doesn't need to be shared with them. The students are smart as they already knew the teacher had told a lie, they even broke the writing block for justify their lie."

(내 생각에는 훈장님은 자신이 아끼는 것을 지키기 위해 순간적으로 거짓말할 수 있다고 생각해. 그리고 관련이 없는 제자들에게 나눠줄 필요는 없어. 제자들은 이미 훈장님의 말이 거짓말이란 것을 알고 있을 만큼 똑똑하고 자신들의 거짓말을 정당화하기 위해 멀쩡한 벼루까지 깼어.)

"Do you think the teacher should share his own things with his students?"

(훈장님이 자신의 것을 꼭 나눠야 한다고 생각하니?)

"No, I don't think so, but he just told a lie for his own greed."

(아뇨, 그렇게 생각하지는 않아요. 하지만 그는 오로지 자신의 욕심을 위해서 거짓말을 했어요)

《훈장님의 꿀단지^{The Honey Jar}》을 읽고서

3. 주제에 대한 다른 사람의 생각이 담긴 글 읽기

특히 논쟁할 때 막연하게 자기 생각을 말하라고 강요하기보다는 좋은 기준이 될 만한 다른 사람의 글을 읽고 모방하여 자신의 말이나 글로 표현하다 보면 주장하는 방법을 비교적 쉽게 배울 수 있다. 이를 토대로 토론과 논쟁 가이드가 되어줄 책에는 《Debate pro junior(다락원)》, 《Junior Debate Club(에듀플레넷)》, 《Debate Bravo(래러비러닝)》《Exploring Debate(월드컴에듀)》 등이

있다.

4. 토론이나 논쟁을 한 후 자기 생각 정리하여 적기

Debate Worksheet

Title: The Honey Jar

Question: Who is the biggest fault?

Topic: The teacher is the biggest fault.

Side:(pro) or con)

Opening Statement:

> I think the teacher is bigger than students.

Arguments:

> Teachers should tell the true.
>
> First teachers always effect the students directly whether they want to or not. They are in the school with the students for 6 to 8 hours a day. That is 1/3 of their day.
>
> Second a teacher's responsibility is guard to their students. They have to be careful with their behavior and their words.
>
> After a teacher tells a lie it makes it hard for the students to belive them even when they tell the truth.

Closing Statement:

> Teachers should tell the truth except for a white lie.

memo

"아이에게 물고기를 잡아 주어라. 그러면 한 끼를 배부르게 먹을 것이다.
아이에게 물고기를 잡는 법을 가르쳐 주어라.
그러면 평생을 배부르게 먹고 살 수 있을 것이다."

– 탈무드 中 –

4장

수준별
영어 하브루타 공부법

영어학습의 시작, 파닉스

파닉스 학습 필요할까?

파닉스란 알파벳 문자와 소리의 규칙적인 관계를 아는 것으로 문자 조합을 통해 단어를 읽는 방법을 말한다.

그런데 왜 영어학습을 시작할 때 파닉스부터 하는 것일까? 우리는 영어권처럼 태어나면서부터 아무 때나 어느 장소에서든 영어로 말을 주고받고 들을 수 있는 환경이 아니라 인위적으로 영어를 쓰는 환경을 만들어줘야 비로소 접할 수 있는 환경이다. 이러한 환경에서 다양한 어휘와 수많은 문장을 접하며 빠르게 언어능력을 높일 수 있는 가장 좋은 방법이 바로 글을 읽는 것이다. 그리고 글을 읽으려면 파닉스가 상당히 도움이 된다. 다만 파닉스를 한다고 해서 파닉스 규칙만 가르치면 안 된다. 파닉스 규칙에 맞지 않는 단어들도 상당히 있고 실제로 어떻게 문장 속에서 어떤 의미로 활용되는지 알아야 하기 때문이다. 그래서 파닉스 학습은 짧은 파닉스 북과 함께 읽으면서 학습하길 권한다.

파닉스도 하브루타가 효과적이다

영어 하브루타를 아주 단순하게 생각하면 짝과 대화하면서 영어를 공부하는 것이다. 그렇게 천천히 시작해서 나중에 영어가 자연스럽고 능숙해지면 좀 더 깊이 있게 형식을 갖추어가며 토론과 논쟁을 하면 된다. 그런 의미에서 영어를 처음 시작하는 파닉스 단계에도 충분히 하브루타를 활용할 수 있다.

실제로 내가 일방적으로 가르치기를 할 때보다 아이들이 주체적으로 아는 것을 말하게 하고 질문을 했을 때 더 많은 배움이 일어난 사례가 있다. 준우는 5학년이지만 내게 왔을 땐 알파벳을 모르던 친구였다. 게다가 또래보다 학습인지 속도 또한 느린 아이라서 학교에서 배우는 영어는 도저히 따라갈 수 없는 상태였다. 나는 준우에게 알파벳 카드 대소문자를 각각 나눠주고 짝을 맞추게 한 다음 차례대로 나열해가며 여러 번 읽었고, 혼자 읽어보라고 한 후 아는 것은 빼고 모르는 것은 반드시 물어보도록 했다. 준우는 혼자서 알파벳 대소문자를 짝을 맞춰가며 읽다가 하나씩 모르는 것만 친구에게 물어보며 여러 번 반복해서 되뇌었다. 다 암기된 것 같으면 나와 구두 테스트를 하며 모르는 것을 줄여나갔다.

준우는 이런 방식으로 하루 20분 정도를 매일 훈련했고 정확히 5일쯤 되자 알파벳을 모두 외웠다. 중요한 것은 아이의 반응이었다. '뭔가 뿌듯하고 영어 공부가 재미있다'라는 것이다. 그렇게 준우는 알파벳부터 파닉스를 공부한 지 5개월 만에 au, aw, ee, ea, oa, oe, ow, ai, ay 같은 이중모음이 있는 단어들까지 자유자재로 읽고, 짧은 문장이 반복적으로 나오는 리더스 북을 혼자서 읽어낼 수 있을 만큼 성장했다.

파닉스 하브루타
실천방법

파닉스를 체계적으로 학습하려면 음원이 있는 교재를 구매하여 1권부터 차례대로 진행하면 된다. 파닉스 교재마다 홈페이지를 방문하면 다양한 수업자료도 얻을 수 있다. 나는 내가 모르는 것과 아는 것을 구분해가면서 재미나게 복습하기 위해 파닉스 카드를 따로 만들지만, 자신이 직접 만들지 않아도 이미 온라인상에 무척 많은 자료가 있으니 조금만 관심을 가지고 부지런하면 누구나 손쉽게 구할 수 있다. 구글에서 phonics worksheet나 activities로 검색하여 자료를 활용하거나 유튜브의 alphablocks, letterland phonics, hooked on phonics를 보고 이야기를 나누면서 다양하게 학습을 하면 된다. 그러면 어떻게 파닉스 단계에서 하브루타를 활용할 수 있을까?

① 파닉스 단어에서 공통점과 차이점 찾기

나는 아이들과 파닉스 수업할 때 바로 설명부터 하지 않는다. 말 없이 그림과 글자가 적혀져 있는 파닉스 단어를 프린트하여 잘 관찰하도록 보여 준 후 공통점이나 차이점이 무엇인지 물어본다. 그리고 혹시 아는 단어가 있는지, 어떻게 발음하는지도 물어본다. 내가 이렇게 질문을 먼저 하는 이유는 오늘 배울 내용에 대해서 아이의 사전지식을 파악해보고 아이가 직접 찾아봄으로써 호기심과 탐구심을 불러일으키기 위함이다.

예시) a로 시작하는 파닉스 단어

alligator

ant

apple

arrow

acrobat

astronaut

〈출처 www.kizclub.com〉

좀 더 파닉스를 배우게 되면 앞서 배운 것을 누적해서 공통점과 차이점 찾기를 한다.

예시)

bat	cake	train
mat	name	rain
sad	mane	rail
dad	wave	spray
man	cave	May
cap	cape	tray

(이해하기 쉽도록 소리 나는 것은 빨강으로 안 나는 것은 회색으로 표시함)

② 파닉스 음가(발음)와 파닉스 단어 쓰는 방법 알려주기

파닉스 음가와 파닉스 단어를 익히기 위해 음원을 틀어놓고 손가락을 짚어가며 반드시 소리 내어 따라 읽는다. 소리의 규칙을 정확히 인지하고 자신이 직접 발음할 수 있으려면 대충 눈으로 보면 안 되고 반드시 직접 소리 내서 읽어가며 여러 번 반복해야 한다. 여러 번 따라 읽기 반복할 때도 약간씩 다르게 읽도록 하면 재미를 줄 수 있다.

또한 아이들은 알파벳 모양의 좌우 상하를 많이 헷갈리기 때문에 왼쪽에서 오른쪽으로 진행하는 방향으로 쓰는 방법도 같이 알

려준다(이를테면 b는 1부터 쓰고 동그라미라던가, d는 동그라미하고 1이라고 알
려줌).

따라 읽기 방법

① 따라 읽는 횟수 미션주기

처음에는 단어를 처음부터 끝까지 한 번씩 따라 읽히다가 한 단어마다 따라
읽는 횟수를 정해주는 것

예) apple이란 단어를 듣고 나면 곧바로 일시 정지를 누르고 3번 따라 읽기,
ant 단어를 듣고 일시 정지 후 2번 따라 읽기, astronaut 듣고 일시 정지
후 10번 따라 읽기

② 목소리 변조해서 읽기

예) 아빠, 할머니, 아기 목소리 등

③ 목소리의 크기 변화

점점 작게 혹은 점점 크게 따라 읽기

④ 따라 읽는 속도변화

예) 손가락으로 5번 세는 동안 파닉스 단어 10개 읽기

③ 혼자서 단어를 읽고 짝과 테스트하기

여러 번 음원을 듣고 따라 읽기를 하고 나면 아이 혼자 소리 내어 단어를 읽으면서 모르는 단어가 있으면 체크한다. 전체적으로 단어를 읽고 나면 체크해둔 단어만 짝에게 물어가면서 다시 반복해서 여러 번 읽는다. 얼추 다 아는 것 같으면 짝과 번갈아 가면서 단어를 읽고 서로 테스트를 한다. 테스트는 간단하게 서로 순서를 바꿔가면서 한 명이 손가락으로 단어를 짚으면 다른 한 명이 말하는 것으로 하면 된다.

> **TIP**
>
> 앞서 배운 단어들은 완벽하게 습득될 까지 누적하여 새로 배우는 파닉스 소리나 단어와 함께 반복해서 읽기(낭독)를 해야 한다.

④ 테스트가 끝나면 파닉스 카드로 게임하기

나는 아이들과 오늘 배운 내용을 오랫동안 기억하고 재미있고 자연스럽게 말하기 연습을 하기 위해 게임을 자주 하는 편이다. 만약 유치원생이라면 색칠이나 만들기 같은 활동을 하기도 한다. 게임은 나와 아이들이 혹은 아이들끼리 짝이 되어 한 사람이 문제를 내면 다른 사람들이 답을 맞히는 방법으로 진행되는데, 짝과 1:1로

한 팀이 되어 팀 대 팀으로, 또는 4~6인 정도의 소그룹, 1:다수 등으로 하면 된다.

여기서 잊지 말아야 할 것은 단순히 게임에만 몰두하지 않도록 답을 말할 때는 반드시 소리 내어 말하도록 해야 한다는 것이다. 파닉스 단계에서부터 소리 내어 읽는 습관을 들으면 나중에 듣기와 말하기에 큰 도움을 받을 수 있다.

▶ 파닉스 게임 방법 예시

① 종치기
출제자가 문제를 내면 그 카드에 해당하는 단어를 재빨리 찾아서 종을 치는 게임이다.

② 입 모양으로 알아맞히기
짝과 마주 보며 한 사람이 카드를 소리를 내지 않고 2번 발음한다. 보고 있던 다른 사람이 카드를 소리 내어 맞히면 카드를 가져간다.

③ 카드 매칭 게임
파닉스 단어 카드 두 세트와 똥을 그린 카드를 통에 담아두고 숫자 주사위를 던져서 나오는 수만큼 카드를 뽑아 읽는다. 뽑은 카드 중에서 같은 카드가 두 개 나오면 그 카드는 갖고 나머지 카드는 다시 통에 담아둔다. 만약 똥 카드가 나오면 자신이 들고 있던 카드 중 1세트(2개)를 되돌려 놓는다. 카드를 가장 많이 모은 사람이 승리한다.

④ 빙고 게임

두 팀으로 나눈다. 팀별로 바닥에 카드를 4×4로 깔아두고 숫자 주사위를 두 개 돌려서 나오는 수에 해당하는 카드를 뒤집어 읽는다. 만약 못 읽으면 다시 뒤집어 둔다. 숫자 주사위 5나 6이 나오면 자신이 가고 싶은 수로 가면 되거나 꽝으로 기회를 잃는 것으로 한다.

⑤ 치킨차차 메모리 게임

이 게임은 '치킨차차'라는 보드게임 방법으로 하는 것이다. 파닉스 카드를 같은 카드로 두 세트 만들어 한 세트는 가운데 뒤집어서 깔아두고, 다른 하나는 바깥으로 앞면이 보이도록 하여 둥글게 만들어 둔다.

각자 말을 준비하여 올려놓고 싶은 곳에 말을 둔 후 자신의 차례에 말을 한 칸씩 전진하면 되는데 다음 칸에 전진할 카드와 뒤집어놓은 카드에서 같은 카드를 찾아 읽을 수 있어야 갈 수 있다. 한 칸씩 돌아가면서 전진하여 먼저 잡히면 진다.

⑥ 파닉스 레이스

책상을 길게 여러 개 붙여놓고, 오늘 배울 알파벳이 적힌 주사위(파닉스)와 숫자 주사위를 준비한다. 두 팀으로 나눈다. 바구니에 카드를 앞면이 보이도록 담아둔다.

파닉스 주사위와 숫자 주사위를 동시에 굴려서 파닉스가 들어간 단어 중에서 나온 숫자만큼 카드를 집어 자기 팀 앞에 읽으면서 길게 늘여놓는다. 읽지 못하면 카드를 내려놓을 수 없고, 길게 먼저 만든 팀이 승리한다.

(파닉스 주사위는 www.kizclub.com에서 구할 수 있다)

TIP

파닉스 관련 자료와 보드게임 무료 사이트

www.kizclub.com

www.totschooling.com

http://funkidsenglish.com/free-resources/phonics-board-games

https://www.themeasuredmom.com/

https://bogglesworldesl.com/phonics.htm

https://blog.maketaketeach.com/free-magic-e-game-boards-2/

⑤ 파닉스 교재에 딸린 워크북 풀며 정리하기

파닉스 카드로 충분히 읽기 연습을 하고 나면 최종적으로 아이 스스로 정리하고 제대로 정확하게 인지했는지 확인하기 위해 혼자서 워크북을 푼다. 워크북을 풀 때도 소리 내어 읽도록 독려한다. 워크북을 풀고 나면 그에 따른 피드백을 한다. 혹시 틀리거나 잘 못 읽는 단어가 있다면 그 카드를 따로 빼놓아 꼭 다시 반복해서 읽히고 다음 게임을 할 때 추가한다.

영어 말하기와 쓰기의
뼈대가 되는 기본 문장 만들기

기본 문장 만들기 연습을
하는 이유?

영어는 단어를 있어야 할 자리에 알맞게 배열해야 비로소 말이 되는 언어이다. 영어 단어를 놓는 순서 즉, 어순은 문장을 많이 보고 직접 만들어봐야 익힐 수 있다. 이때 제대로 된 문장을 만들려면 문법이 필요하다. 문법은 말을 만드는 원리를 아는 것으로 우리가 일상에서 대화하려 해도 단어만으로 혹은 엉터리 문장으로 온전히 의사소통할 수 없기 때문이다. 하지만 우리가 흔히 공부하는 한국식 문법은 설명을 위한 추상적인 용어가 많아서 추상적 의미를 이해 못 하는 초등 저학년 때부터 한국식 문법 용어(예컨대 3형식 문장은 주어+동사+목적어로 구성된다)까지 배울 필요는 없다. 다만 아이들이 영어책(원서)을 읽으면서 문장의 의미를 좀 더 명확하게 이해하고 일상에서 간단하게라도 영어로 말하고 쓰기를 할 수 있도록 영어 어순의 감각을 키우기 위해서 기본 문장 만들기를 하는 것이 좋다.

기본 문장 만들기 실천방법

기본 문장 만들기는 주어와 동사를 기본으로 하여 보어, 목적어나 수식어(문장을 설명하거나 꾸며주는 역할을 하는 형용사, 부사, 전치사 구) 등을 붙여가며 문장의 구조를 하나씩 익히는 것이다. 나는 파닉스에서 패턴 북(같은 문장이 반복해서 나오는 책)이나 한두 줄 정도의 문장이 있는 초기 리더스(아이들의 읽기 연습을 위해서 만들어진 것으로 레벨별로 난이도와 어휘를 제한한 책) 읽기로 막 진입한 아이들에게 사이트 워드(Sight Words:파닉스 규칙에 꼭 맞지 않지만 문장에서 빈번하게 사용되는 단어들)와 문장의 뼈대가 되는 기본 문장의 문법 설명을 장황하게 하지 않고 우리말로 가볍게 뜻을 말하면서 1인칭에서 3인칭까지 단·복수 주어에 맞게 동사를 바꿔서 말하도록 연습을 시킨다. 즉 내가 단계마다 문장을 만드는 방법을 간단하게 소개하고 나면 아이들이 소리 내어 여러 번 따라 읽으면서 암기하고 내가 아이들과 짝이 되거나 아이들끼리 짝을 지어 서로 테스트하는 형식(문제를 내고 답을 말하기)으로 말하기 훈련을 한다. 이렇게 기본 문장 만들기 연습하고 나면 동사 카드를 보면서 짝과 질문과 답을 주고받는 연습을 한다.

1. 주어 알기

문장에서 어떤 행위나 상태의 주인공이 되는 주어를 암기한다. 여기서 중요한 개념인 명사와 인칭대명사(사람이나 사물의 이름을 대신 가리키는 말)를 배운다. 명사(사람, 사물, 동·식물, 장소)의 기본 개념을 알게 되면 인칭대명사로 바꾸는 훈련을 한다.

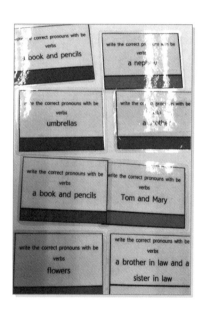

▶ 인칭대명사 익히기 예시

인칭	질문	답	질문	답
1인칭	나는	I	내가 있는 사람들 I + my family I + you I + my dad I + my mom…. etc	우리는 We
2인칭	너는	You	네가 없는 사람들 You + Sally You + Brain You + my mom You + your mom You + your dad…. etc	너희들은 You
3인칭	My dad My brother My grandfather Brian(남자친구이름) Tom, Andy, Sam…. etc	그는 He	나도 없고, 너도 없는 사람들 My mon + my dad Your sisters Your brother + your sister Brain + Tom Brain + Sally a teacher + a doctor…. etc	그들은 They
3인칭	My mom My sister My grandmother a teacher(여자) Sally(여자친구), Kate, Ellie…. etc	그녀는 She		
3인칭	a dog, a bird, a cat, a pencil, an eraser, a tree, a flower, a house, my room, a cake etc	그것은 It	a dog + a cat a pencil + a book dogs + a cat trees + flowers cakes…. etc	그것들은 They

2. 동사 알기

① 동사 시제 연습하기

일상에서 살아있는 언어로서 영어를 표현하려면 시제를 잘 알고

활용할 줄 알아야 한다. 또한, 이야기를 전달하는 방식으로 되어있
는 영어책의 특성상 시제가 무작위로 나오기 때문에 미리 배워두
는 것이 좋다. 시제는 기본형인 현재형과 현재 진행형부터 시작해
서 영어책에서 가장 많이 나오는 과거형, 과거 진행형 그리고 미래
형의 순으로 한 시제씩 주어+동사 문장을 만들면서 충분히 말하기
연습을 한 후 그다음 시제를 익히도록 한다.

▶ **일반동사 want 현재형 예시**

우리말	기본 문장 만들기
나는 원한다.	I want.
너는 원한다.	You want.
그는 원한다.	He wants.
그녀는 원한다.	She wants.
그것은 원한다.	It wants.
우리는 원한다.	We want.
너희들은 원한다.	You want.
그들은 원한다.	They want.

② 동사의 부정문 연습하기

be 동사와 조동사 뒤에 일반 동사 앞에는 not을 붙여서 기본 문
장 만들기 연습을 한다.

▶ want 현재형의 부정문 예시

우리말	기본 문장 만들기
나는 원하지 않는다.	I don't want.
너는 원하지 않는다.	You don't want.
그는 원하지 않는다.	He doesn't want.
그녀는 원하지 않는다.	She doesn't want.
그것은 원하지 않는다.	It doesn't want.
우리는 원하지 않는다.	We don't want.
너희들은 원하지 않는다.	You don't want.
그들은 원하지 않는다.	They don't want.

③ 의문문으로 바꾸는 연습하기

주어와 동사의 위치를 바꿔서 의문문으로 말하기 연습 후 이어서 짝과 질문하고 답을 문장으로 말하는 연습을 한다.

▶ want 현재형의 의문문 예시

우리말	기본 문장 만들기
나는 원하니?	Do I want? Yes, you do. / No, you don't.
너는 원하니?	Do you want? Yes, I do. / No, I don't.
그는 원하니?	Does he want? Yes, he does. / No, he doesn't.
그녀는 원하니?	Does she want? Yes, she does. / No, she doesn't.
그것은 원하니?	Does it want? Yes, it does. / No, it doesn't.
우리는 원하니?	Do we want? Yes, you do. / No, you don't.

| 너희들은 원하니? | Do you want? Yes, we do. / No, we don't. |
| 그들은 원하니? | Do they want? Yes, they do. / No, they don't. |

3. 전치사 알기

전치사는 문장에서 단어를 연결해주는 역할로 이 전치사를 잘 활용하면 문장을 풍성하게 만들 수 있다. 보통 전치사는 그림카드나 유튜브에서 전치사 영상을 보면서 익히도록 하는데, 초등 4학년 이상이라면《초등 개념 사전》의 전치사 의미를 읽고 서로 설명하기를 하기도 한다.

▶ 대표적인 전치사 예시

전치사	개념	전치사	개념
on	붙어있는 것은	off	떨어지는 것은
to	(대상으로) 나아가는	from	출발한 곳은
in	안에	out	밖에
at	딱 지정된 것은	of	연결된 것은
up	위로	down	아래로
next to	옆에	for	좋은 점을 주기 위해서
with	함께	by	근처에 있는 것은
over	완전히 덮는 것은	under	아래에
after	시간 순서상 먼저 일어난 일 A after B(B가 먼저 일어남)	before	시간 순서상 나중에 일어난 일 A before B(A가 먼저 일어남)

4. 문장순서 배열하기

교사가 미리 단어나 구를 제시해주면 주어+동사에 제시된 보어, 목적어, 부사, 수식어(구) 등으로 단어를 순서대로 배열하여 문장을 만든다.

제시된 단어	나만의 기본 문장 만들기
나는 공을 가지고 논다. play, I, with a ball	I play with a ball.
그 공은 부드럽다. soft, This ball, is	This is a ball.
나는 친구들과 게임을 하는 것을 원한다. I, to play, want, with my friends, games	I want to play games with my friends.

5. 패턴 문장으로 나만의 기본 문장 만들기

패턴 북이나 리더스에 있는 문장을 몇 개 뽑아서 그 문장을 기준으로 삼아 자신이 아는 단어로 바꿔가며 나만의 문장 만들기 활동을 한다.

내가 주로 활용하는 패턴 북은 온라인 영어도서 프로그램인 라즈키즈(www.
kidsa-z.com)으로 유료지만 저렴한 편이다.

책의 내용이 궁금하다면 유튜브를 통해 영상을 레벨별로 제공하니 확인할 수
있다.

https://www.readinga-z.com/books/ 사이트에서 라즈키즈 책 몇 권을 무
료로 프린트할 수 있다.

리더스 북은 앞 3장의 질문 만들기 좋은 책을 참조하면 된다.

6. 질문과 답하며 문장 만들기

주어와 동사를 정하여 교사의 질문에 답을 말하면서 문장을 늘
려가는 연습을 한다. 질문과 답을 연습하기 전에 미리 의문사의 우
리말 뜻은 익혀둔다. 만약 아이가 답을 말하는 과정에서 모르는 단
어가 있어 머뭇거리면 그 부분만 우리말로 하도록 하고 교사가 가
르쳐주어 영어문장으로 바꿔 말하도록 하면 된다.

I like라는 문장을 뽑았다면?

(나는 주로 각각 단어 카드로 만들어 통에 담아두고 뽑도록 하는 편이다)

Q: What do you like?

(무엇을 좋아하니?)

A: I like to play.

(나는 놀기를 좋아해.)

Q: Where do you like to play?

(어디에서 노는 것을 좋아하니?)

A: I like to play on the playground.

(나는 놀이터에서 노는 것을 좋아해.)

Q: Do you like to play on the playground alone?

(너는 놀이터에서 혼자 노는 것을 좋아하니?)

A: No, I like to play on the playground with my friends.

(아니, 나는 친구들과 놀이터에서 노는 것을 좋아해)

Q: When do you like to play on the playground with your friends?

(너는 언제 친구들과 놀이터에서 노는 것을 좋아하니?)

A: I like to play on the playground with my friends on the weekends.

(나는 주말에 친구들과 놀이터에서 노는 것을 좋아해.)

Q: How do you feel when you like to play on the playground with your friends on the weekends?

(주말에 친구들과 놀이터에서 놀고 싶을 때 기분이 어떠니?)

A: I feel so great when I like to play on the playground with my friends on the weekends.

(나는 주말에 친구들과 놀이터에서 놀고 싶을 때 기분이 좋아.)

7. 기본 문장 만들기 배틀

동사와 시제, 문장의 형태 (의문문, 부정문, 긍정문)를 제시 해주면 짝과 번갈아 가면서 나만의 문장 만들기를 하는 데 누가 더 많은 문장을 만드 는지 대결한다. 문장을 만드 는 시간을 정해주고(나는 보통 10초 이내를 준다) 이때 글을 쓰

지 않고 말로만 해야 한다. 만약 영단어가 기억나지 않거나 모르면 총 두 번의 기회가 있는데 스마트폰(인터넷 사전)을 통해 검색하거나 교사에게 도움을 구할 수 있다.

생각의 폭을 넓혀 주는
영어독서

효율을 끌어올리는
하브루타의 단계

하브루타로 영어독서 수업을 하면 책 한 권으로 읽기, 말하기·듣기(토론과 스피치), 글쓰기까지 전부 할 수 있으므로 영어 실력 향상과 더불어 생각의 깊이 또한 넓힐 수 있다. 즉 영어독서 하브루타는 단순히 영어책을 읽는 것에서 그치는 것이 아니라 문장을 만들며 끊임없이 표현해볼 수 있는 좋은 방법이자, 자기 생각을 짝과 나누면서 서로의 생각이 보태어져 깊이를 더하는 방법인 것이다.

보통 영어독서 수업을 할 때는 독서 전 활동, 독서 중 활동, 독후 활동으로 학습 방법을 나눈다. 독서 전 활동은 본격적으로 영어책을 읽기 전에 표지를 보거나 간단한 단어 게임을 하거나 내용 예측하기 및 흥미 유발 등의 활동을 하며 배경 지식을 확인하는 활동이고, 독서 중 활동은 책을 읽고 내용을 분석하고 이해하는 활동이다. 독후 활동은 책을 읽고 난 이후에 제 생각이나 느낌, 의견 등을 정리하는 활동이다. 이러한 독서 활동을 하브루타 수업에 적용해 보면 독서 전 활동은 '도입 하브루타', 독서 중 활동은 '내용(심화·적용) 하브루타', 독후 활동은 '종합 하브루타'로 나타낼 수 있다.

생각을 열어주는 도입 하브루타

생각 열기는 독서를 시작하기 전에 재미있는 놀이나 간단한 퀴즈를 통해 아이들의 뇌를 자극하는 단계이다. 내가 오랫동안 지도하며 만나본 아이들은 영어책 읽기를 싫어하거나 아예 관심조차 없는 경우가 대부분이었다. 그래서 영어책이 지루하다는 선입견을 없애고 마음을 열게 하여 배움에 대한 동기를 부여하고, 지난 시간

복습과 더불어 오늘 수업 할 내용을 요약해 줄 겸해서 생각 열기 활동에 신경을 많이 쓴다.

나는 보통 생각 열기를 두 단계로 나누는데, 첫 번째는 가벼운 퀴즈로 워밍업을 하고 주제나 내용을 짐작해 보는 단계, 두 번째는 지난번 배운 단어를 복습하면서 새로 배울 단어를 짝과 함께 익히는 단계이다. 책을 읽기 전에 새로 배울 단어를 미리 학습시키는 이유는 내용어(Content words, 실질적인 의미와 내용을 가진 단어, 텍스트의 내용을 이해하기 위해 꼭 필요한 단어)를 알고 있으면 글을 읽을 때 따로 단어를 찾아볼 필요가 없으므로 더 쉽게 영어책을 읽을 수 있기 때문이다.

학교처럼 대그룹으로 독서 수업을 하게 되면 모든 아이의 수준에 딱 맞도록 진행하기 어렵지만, 기본 단어를 미리 숙지하면 수업 수준에 조금 미달하는 학생이라 할지라도 수업에 참여할 수 있다.

▶ 도입 하브루타 생각 열기 첫 번째 단계 활동방법

1) 그림을 보고 영단어 떠올리기

① 주제가 있는 그림이나 사진을 한 장 보여 준다(혹은 제목을 지우고 책의 표지를 보여 준다).

② 아이들에게 그림을 보면서 떠오르는 단어를 모두 영어로 적어보라고 한다.

예를 들어 《Henry and Mudge and the Best Day of All》 이라는 책을 읽기 전에 생일 파티하는 그림을 보여주고 이를 관찰하며 떠오르는 단어를 써보라고 하는 것이다.

③ 아이들이 영단어를 모두 적고 나면 지금까지 쓴 것을 짝과 의논해서 한 종이에 단어를 모은다.

④ 다른 팀과 단어 말하기 대결을 한다. 대결의 방법은 아래와 같다.
팀별로 돌아가면서 적어둔 단어를 읽는데 이때 같은 단어가 있으면 지운다. 가장 다양하게 많은 단어를 말하는 팀이 승리하는 것이다.

2) 노래를 듣고 가사를 들리는 대로 받아쓰기

① 배우지 않은 노래나 읽지 않은 책의 음원을 틀고 귀에 들리는 단어를 전부 써 보게 한다. 스펠링을 틀려도 괜찮고, 발음을 한글로 써도 무방하다.

② 노래(음원)가 끝나면 짝과 자신이 쓴 단어를 비교하면서 빈 종이에다가 Listening sheet라고 제목을 적은 후 단어들을 옮겨 적는다.

③ 이후 가사나 책을 보며 짝과 정리한 Listening sheet와 대조해 같은 단어가 있으면 동그라미를 친다. 최종적으로 많은 단어를 맞춘 팀이 승리한다.

3) 영영퀴즈 'Who am I?'

퀴즈를 낼 단어를 하나 정해서 주제를 제시하고, 단어에 관해 설명하면 아이들이 이를 맞추는 게임이다. 단어에 대한 설명은 주제가 어려울수록 많이 해준다.

예를 들어, 정답이 'elephant'라면

① 주제 'animals'를 알려준다.

② 설명한다.

"It is a wild animal. It has big ears. It has a long trunk. Who is
it? "

③ 아이들이 이 퀴즈를 듣고 유추한 후 짝과 한 팀이 되어 답을 말한다.

4) Catch the Words

Catch the Words는 눈 깜빡할 새에 지나가는 단어나 그림을 알아맞히
는 게임이다.

① 주제와 관련된 그림, 단어, 문장을 PPT로 만든다.

이때 PPT 애니메이션 기법을 활용해서 그림, 단어, 문장이 순식간에 지
나가도록 한다.

② PPT로 문제를 낸다.

③ 순간적으로 본 것이 무엇인지 짝과 상의한 후 손을 들어 영어로 답을 말
한다.

5) 첫 글자 듣고 단어 많이 말하기

교사가 무작위로 불러주는 알파벳을 듣고 짝과 함께 해당 알파벳으로 시
작하는 단어를 최대한 많이 써 보는 것이다.

① 알파벳 제시하기

② 짝과 알파벳으로 시작하는 단어 쓰기

③ 짝과 자신이 한 팀이 되어 팀별로 돌아가면서 한 단어씩 발표하며 중복된 단어를 지워나간다. 승리 조건은 가장 많은 단어를 말하는 것이다.

예를 들어, 알파벳 B를 제시했다면 Ball, Bat, Baseball, Balloon, Basket 등을 돌아가면서 말한다. 즉흥적으로 떠오르는 단어를 말하는 것은 괜찮지만 스마트폰을 이용해 단어를 검색하지 않도록 한다.

6) Rebus

Rebus는 주제를 주고 그림과 글자를 조합하여 답을 유추하는 게임이다. 예를 들어 'Food'가 주제라면, 캔 음료수 그림 + DIY − I = ? 라는 퀴즈를 내고 정답이 무엇인지 맞추는 것이다. 'CAN'에 'DIY'를 더하고 'I'를 빼면 답은 'CANDY'이다.

CAN

7) Give Me 5

주제를 듣고 연관된 단어 다섯 가지를 5초 안에 재빨리 말하면 이기는 게임이다.

예를 들어 'Subject'라는 주제를 주면 약 5초 안에 Math, PE, Social Study, Science, Music 등을 말하면 된다.

보통 이 게임을 할 때 짝과 한 팀이 되어 팀별로 진행하고, 주제를 듣고 곧바로 말하는 것이 아니라 짝과 답을 공유하는 시간을 잠깐 가진 다음 시작과 동시에 발표하게 한다.

도입 하브루타 2단계. 게임으로 외우는 단어

이 단계는 지난 시간에 배운 단어를 복습하는 동시에 오늘 읽을 책에 나오는 단어를 미리 짝과 인지하는 활동이다. 새로 배울 단어가 적힌 종이를 나눠 주고 먼저 단어와 예문을 소리 내 읽은 후 이미 알고 있던 것과 모르는 것을 표시하게 한다.

읽은 후에도 무슨 의미인지 이해되지 않는 것은 질문하도록 한다. 아이들을 지도해본 경험상 수동적으로 단어를 외우던 아이들은 우리말로 적힌 뜻을 이해하지 못해도 무작정 외우려 하므로 반드시 질문하도록 해야 한다.

단어를 외울 때는 아이들과 상의하여 시간을 정해준다. 외우는 시간을 정하지 않으면 순간적인 긴장감이 없어서 집중력이 떨어지고 시간을 허비하는 경우가 많아서이다. 단어를 외울 때는 손으로 단어의 스펠링을 적지 않고 입으로 계속해서 읽어가면서 외운다. 다 외우고 나면 짝과 서로 학습 상태를 확인하고, 안 외워진 것은 다시 여러 번 읽는다. 그리고 지난 시간에 배운 단어들과 새로 외운 단어들을 모아 게임을 하면서 한 번 더 복습한다.

▶ 도입 하브루타 생각 열기 두 번째 단계 활동방법

1) 베스킨라빈스 31게임

① 짝과 번갈아 가며 31개의 칸에 단어를 적는다. 똑같은 단어를 두 번 적지 않도록 주의한다. 적을 때 한글 뜻은 적지 않고 영어 단어만 적어 둔다.

② 다 적고 나면 먼저 발표할 사람을 정하고 각자 최소 1개에서 최대 3개 까지의 영어 단어를 부른다. 이때 반드시 단어를 말한 사람은 뜻도 같이 말해야 한다.

③ 한 번씩 번갈아 가면서 단어와 뜻을 말하면서 지워나가는데, 31번째 단어를 읽게 되는 사람이 지는 것이다.

이 게임은 한 번만 하고 끝내는 경우가 거의 없어서 31번째 단어를 말한 사람에게 마이너스 1점을 주고 계속 게임을 한다. 만약 영어 단어를 발음하지 못하거나 뜻을 말하지 못해도 마이너스 1점을 받는다. 당연히 마이너스 점수를 적게 받는 사람이 이긴다.

★ 가끔은 15, 21번째 단어에 '꽝'을 만들어 게임을 짧게도 진행할 수 있다.

2) 땅따먹기 게임

① 빈 종이에 아이들 마음대로 땅을 그리게 한 후 이렇게 그린 크고 작은 땅 위에 단어와 예문을 적는다.

② 처음에는 출발점에서 동전을 튕겨서 동전이 안착한 땅에 적힌 단어와 예문을 읽을 수 있다면 그 땅은 자신의 차지가 된다.

③ 그다음 자신의 땅 위에서 다른 땅 쪽으로 동전을 튕겨서 단어를 읽으면 그 땅을 차지할 수 있다. 땅을 제일 많이 가진 사람이 이기는 게임이다. 이때 다른 친구가 차지한 땅은 다시 뺏어올 수 없다.

3) Memory 게임

뒤집힌 카드 속에서 같은 단어가 적혀있는 카드 두 개를 기억해서 찾아내는 것이다.

① 빈 종이를 네모나게 오려서 단어 카드 형태로 30개를 준비하고 짝과 각자 15개씩 나눠 갖는다.

② 지난 시간에 배운 단어리스트나 교사가 새로 내준 단어리스트를 보고 발음이 어렵거나 잘 안 외워지는 단어 위주로 짝과 의논해서 한 단어를 각자의 카드에 적는다. 즉 짝과 내가 같은 단어를 각자의 카드에 적으면 총 30개의 단어 카드 중 두 개의 카드에는 같은 단어가 적혀있는 것이다. 이때 단어리스트는 단어 퀴즈를 내고, 점수를 매기는 용도로

쓴다.

③ 같은 단어를 두 개씩 모든 카드에 적은 다음 카드를 모두 뒤집어놓는다.

④ 선을 정해서 선이 자신의 단어리스트를 보면서 Where is the word, 단어?"라고 문제를 낸다.

⑤ 문제를 들은 짝은 뒤집힌 카드 중 그 문제가 적힌 단어 카드 두 개를 찾아내면 된다.

⑥ 단어를 맞게 찾아내면 답을 맞힌 사람이 자신의 단어리스트에 있는 단어 옆에 1점을 기록해둔다. 이때 두 개의 카드를 뒤집었을 때 같은 단어가 적혀있지 않으면 틀린 것으로 해서 점수가 없다. 점수가 높을수록 게임에서 이기게 된다.

4) 단어 빙고 게임

단어 빙고는 주로 모둠 활동으로 한다. 1:1로 하면 너무 금방 끝나기 때문이다. 보통 4~6명이 한 모둠이다.

① 4×4로 만든 빙고판에 각자 단어를 무작위로 적는다.

② 한 사람씩 돌아가면서 적어놓은 단어를 부른다. 이때 자신의 빙고 판에 있는 단어가 불린다면 찾아서 지운다.

③ 가로, 세로, 대각선으로 한 줄이 지워지면 빙고 완성이다. 빙고를 제일 먼저 완성한 사람이 이긴다.

5) Touch 게임

Touch 게임은 한 사람이 문제를 내면 이를 들은 다른 사람이 그 단어를 재빨리 Touch 하는 것이다.

방법 1)

① 한 단어를 한 단어 카드에 써서 20개 정도의 단어 카드를 만든다.

② 선을 정해 한 명이 무작위로 단어 하나를 불러준다. (문제 내기)

③ 다른 한 명은 그 단어를 듣고 재빨리 해당 단어를 찾아낸다.

★ 좀 더 확장해 모둠으로 게임을 할 수도 있다. 단어 카드를 전부 섞어서 한 사람이 단어를 부르면 나머지 아이들이 찾아내는 것이다.

방법 2)

① 책상 두 개를 붙여서 카드를 한 줄로 길게 깔아둔다.

② 두 명의 아이가 책상을 사이에 두고 양쪽 끝에 서서 끝에 있는 단어 카드부터 하나하나 읽으며 가운데 지점까지 온다.

③ 서로 만나게 되면 가위바위보를 해서 이기면 계속 전진하고, 지면 처음으로 다시 돌아가서 단어를 읽으면서 온다. 단어를 잘못 읽거나 읽지 못해도 처음으로 돌아간다.

6) 단어 로또^{lotto} 게임

① 교사가 먼저 영어 단어를 여러 개 정해 칠판에 적는다

② 아이들은 이 중에서 7개의 단어를 골라 적는다.

③ 교사가 단어를 뽑아서 부르고, 아이들은 자신이 적은 단어가 뽑히면 그 단어를 지운다. 교사의 의도를 짐작해서 제일 많은 단어를 지우는 것이 이 게임의 승리 조건이다.

7) 픽쳐너리 만들기

픽쳐너리^{Picturnary}는 그림^{Picture}과 사전^{Dictionary}을 합친 말로, 그림으로 만들어보는 나만의 사전인 셈이다.

① 종이에 모르는 단어와 예문을 적는다.
② 단어의 의미를 찾고 이해한 후 그 뜻에 대한 그림을 그린다.

정성스럽게 만드는 것도 좋지만 나 같은 경우 하나의 활동을 다른 활동에 활용할 수 있도록 하는 것을 좋아해서 그림을 메모지에 최대한 간단하게 그리도록 한다. 그리고 이 메모지만 따로 모아 문장 만들기를 할 때 암호 해독 카드로 활용한다.

생각을 전개하는
내용 하브루타

1. 영어책 읽기

단어를 어느 정도 암기하고 나면 본격적으로 책을 읽고 영어 표현을 익히는 내용 하브루타 단계에 돌입한다. 보통 영어책을 읽을 때는 세 가지 방법을 사용하는데 바로 '음원을 들으면서 손가락 짚어가며 눈으로 읽기', '소리 내어 낭독하기', '음원 따라 읽기'이다.

① 음원을 들으면서 손가락 짚어가며 읽기

음원을 듣고 문장을 손가락으로 짚어가며 눈으로 읽는 방법은 글자와 소리를 매치시킬 수 있어 좋다. 특히 영어 수준이 낮을 때 읽기 실력을 빨리 향상할 수 있다. 파닉스 수업을 따로 하지 않아도 이 과정만 잘 거치면 글 읽는 법을 스스로 터득할 수 있다고 생각한다.

② 소리 내어 낭독하기

나는 영어 말하기의 가장 기초가 되는 방법이 소리 내어 책을 읽는 낭독하기라고 생각한다. 따라서 수업을 할 때도 학생들과 함께 책을 소리 내어 읽는 방법을 사용한다. 이렇게 책을 읽으면 발음을 연습하는 동시에 읽기 능력도 향상된다. 또한 단어 하나하나 꼼꼼하게 볼 수 있으므로 집중력과 기억력을 촉진해준다. 잘못 읽거나 대충 읽는 것도 바로 알 수 있어 빠른 교정이 가능하다.

③ 음원을 흉내 내면서 따라 읽기

음원을 흉내 내며 따라 읽는 방법에는 한 문장을 듣고 일시 정지를 한 뒤 따라 읽는 방법과 음원을 듣는 동시에(약 2~3초 안에) 뒤이어서 바로 따라 읽는 쉐도우 리딩^{Shadow Reading}이 있다. 이렇게 따라 읽기를 하면 정확한 발음을 바로 듣고 따라 해서 그대로 흉내 내기 쉽고, 문장의 억양, 리듬, 악센트를 자연스럽게 익혀 말하기에 자신감이 생긴다.

2. 책의 내용 파악과 문장 익히기

책을 읽고 내용을 요약하여 적고 짝에게 말한다. 나는 보통 약 10분 정도 시간을 주며 책의 줄거리를 요약하는 훈련을 시킨다. 학습 레벨이 낮으면 필요한 단어를 미

리 칠판이나 종이에 적어두고 간단한 몇 문장이라도 영작하도록 독려한다. 그런 다음 짝과 자신이 요약한 내용을 서로 이야기한다. 내용 이해를 하고 나면 문장과 그림을 활용하여 짝과 다양한 활동을 한다.

▶ 짝 활동 예시

1) 그림이나 글을 순서대로 나열하기
그림을 보고 이야기의 순서를 맞춰보는 활동이다.
① 교사가 책의 그림들을 주면 아이들이 순서대로 그림을 나열한 후 각 그

림에 맞는 문장을 찾는다.

② 그림과 글을 다 맞췄다면 이제 그림을 빼고 문장만 읽어 본다.

③ 문장을 다시 섞어서 순서대로 나열한다. 이때 시간을 정해두고 시간 안에 수행하도록 하면 더 긴장감 있게 진행할 수 있다.

2) 문제(사실 질문) 만들기

① 짝과 의논해가며 문제를 만든다. 문제는 책 속에 정답이 있는 사실 질문으로 만들어 제출한다.

② 팀별로 만든 문제를 모두 모아서 비슷한 질문은 없애고 서로 다른 문제를 골라 칠판에 붙인다.

③ 칠판에 붙여진 문제를 다 같이 읽고, 정답을 말한다. 이때 반드시 짝과 나는 한 팀이므로 함께 손을 들고 같은 답을 말해야만 점수를 얻을 수 있다.

④ 점수를 많이 딴 팀이 승리한다.

3) 문장 만들기 게임

책에서 문장을 몇 개 고르고, 그 문장의 명사(대명사)와 동사, 전치사구(장소, 시간) 등의 구조로 각각 나누고 색을 달리하여 카드에 적어둔다. 짝과 번갈아 가며 카드를 하나씩 골라 문장을 조합한 뒤 읽는다.

또한 책에 나오는 문법을 한두 가지

골라내어 그 문법에 맞는 문장 만들기 활동을 한다. 활동지에 제시된 문장을 보고 혼자 문법에 맞도록 바꾼 후 문장을 카드로 만들어서 문법에 맞춰 짝과 번갈아 가며 말로 바꿔보는 연습을 한다.

4) 암호 해독 게임
문장의 중간마다 있는 단어를 앞서 픽쳐너리에서 만든 그림으로 대체하고, 암호를 해독하듯 문장을 맞춰보는 게임이다. 한 팀이 암호가 있는 문제를 내고, 나머지 아이들이 팀별로 문제를 푼다. 게임이 끝나면 큰 바구니에 지금까지 나온 문제를 전부 모아 돌아가면서 문장을 뽑아 읽고, 제대로 읽었다면 그 카드를 획득하게 된다. 가장 많은 카드를 모은 사람이 승리하는 게임이다.

창의적인 생각이 자라나는
심화·적용 하브루타

책의 내용을 이해하고 문장을 익히는 연습을 하고 나면 책을 다시 읽는다. 그리고 교사의 질문 카드(교사는 미리 상상·적용 질문을 만들어둔다)를 선택하여 자기 생각을 영어로 표현해 본다. 만약 문장표현이 부정확하면 "Do you mean ~ ?"으로 교사가 정리하여 재질문한다. 여기서 제시하는 질문 카드는 내용을 확인하는 사실 질문 말고 정해진 답이 없고 상상력(상상 질문)이나 삶과 연결할 수 있는(적용 질문) 질문을 말한다. 아이들의 영어학습 수준이 높으면 스스로 질문을 만들어서 선택하여 말하기를 하면 된다. 나는 Why 질문을 자주 하는 편인데 이는 자기 생각에 대한 근거를 대는 것으로 논리성과 호기심을 자극하는 질문이라 다른 의문사보다 다양한 답이 잘 나오기 때문이다.

이러한 상상 질문이나 적용 질문을 만드는 방법은 나를 등장인물에 대입하여 머릿속으로 그리면 된다. 이를테면 이러한 사건을 겪었을 때 기분이 어떨지?(느낌), 내가 등장인물이라면 이때 어떻게 하고 싶을지?(가정), 이 행동이 적절했다고 생각하는지?(판단), 등장인물의 어떤 점이 좋은 점인지?(장단점), 어떤 것을 가장 중요하게 여길지?(가치), 이러한 행동을 한 이유는 무엇인지?(원인), 나와 등장인물 사이에 비슷한 점과 차이점이 있다면 무엇일지? 혹은 책을 읽기 전과 책을 읽고 난 후 생각의 변화가 있는지?(비교), 나라면 이 사건을 어떻게 해결할 것인지?(방법) 등을 상상하면서 질문을 만든다.

▶ 심화·적용 하브루타에 자주 활용되는 질문 유형 예시

- If you were ~ how would
  you feel?
  만약 너라면 ~ 어떤 기분이 들까?
- If you were ~ what should
  you do?
  만약 너라면 어떻게 할 것이니?
- Which one is a good thing?
  어느 것이 좋은 점일까?

- What is the most important? 가장 중요한 것은 무엇일까?
- What do you think? 네 생각은 무엇이니?
- What is different between~? 차이점은 무엇일까?
- How should you do? 어떻게 할 것이니?
- Why do you think so? 왜 생각하니?

독후 활동으로 성취감을 올리는
종합 하브루타

짝과 대화를 나눈 다음에는 제 생각을 정리해 보는 독후 활동 시
간을 갖는 것이 좋다. 단순히 책을 읽는 것에 그치지 않고 기록을

남겨두면 시간이 흐른 뒤에도 당시에 책을 읽고 느낀 감상을 그대로 떠올릴 수 있고, 학습능력 향상 또한 한눈에 파악할 수 있어 성취감을 얻을 수 있다.

▶ **독후 활동 예시**

1) 그림 독후감

저학년이나 영어학습 레벨이 낮아 글쓰기를 힘들어하는 아이들에게 적합한 방법이다. 책을 읽으며 가장 재미있다고 느꼈던 장면을 골라 그림으로 그려보는 것이다. 그림 밑에는 장면에 대한 설명이나 자신의 느낌을 간단하게 영작하도록 한다. 또한 몇 장면을 골라 글을 옮겨 적고 글에 맞는 그림을 직접 그려보며 나만의 그림책 만들기를 해보는 것도 좋다.

2) 등장인물 묘사하기

책을 읽고서 가장 인상 깊었던 등장인물을 골라 그림을 그리거나 글로 묘사해 본다. 책에서 직접 언급되는 성격이나 특징을 그대로 묘사해도 되고, 상상력을 덧대어 조금 더 세부적으로 다른 인물과의 관계, 나이,

외모, 성격, 좋아하는 것, 특징
등을 추가로 묘사해 보는 것도
좋은 방식이다. 그리고 자신이
묘사한 등장인물에게 궁금한 점
이나 칭찬하고 싶은 점을 써보는
것도 좋다.

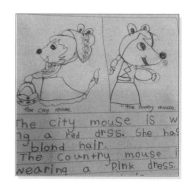

3) 주인공 바꿔보기

책의 주인공을 바꾸어 아예 새로운 스토리를 만들어보는 것이다. 예를
들면 여자를 남자로 바꾼다거나, 키가 큰 인물을 작고 뚱뚱하게 바꾼다
거나, 수줍음이 많은 성격을 가진 인물을 활기차고 인기 많은 인물로 바
꾼다거나, 스포츠를 좋아하는 인물을 몸치로 바꿔보는 식이다. 이 방법
은 내가 아이들과 창작 영어 소설책을 써보는 도전을 했을 때 주인공을
설정하기 위해 활용했던 방법이기도 하다. 주인공의 특징, 성격, 외모 등
이 바뀌면 전개하는 스토리도 함께 달라지기 때문에 창작하는 재미가 생
긴다.

4) Like or Don't like

책을 읽고 좋았던 부분과 마음에 들지 않는 부분을 적어본다. 마음에 들고
좋았던 부분이 있다면 왜 좋았는지 이유도 적어보도록 하고, 마음에 들지
않는 부분이 있었다면 역시 이유와 함께 어떻게 바꾸면 좋을지 생각해 보
아야 한다.

5) Art&Craft

Art&Craft는 쉽게 말해 책에 나 온 내용과 연계해 미술 활동을 하 는 것이다. 예를 들어 《겁쟁이 빌 리Silly Billy》를 읽고 걱정 인형을 만들어본다거나, 《파랑이와 노랑 이Little Blue and Little Yellow》를

읽고 색깔 놀이를 한다거나, 《무지개 물고기The Rainbow Fish》를 읽고 예쁜 비늘을 가진 물고기를 만들어보는 활동 등을 하는 것이다.

6) 홍보 포스터 만들기

읽었던 책 중에서 다른 사람들에게 추천하고 싶은 책을 골라 직접 포스터 를 만들어보는 활동이다. 포스터에는 책의 제목, 저자, 이 책의 장점, 가장 재미있는 부분, 교훈을 주는 부분을 골라서 영어로 적고, 직접 책의 표지를 그려보는 등 마음대로 꾸민 뒤 게시한다. 포스터를 다른 학생들도 볼 수 있 는 공간에 게시하는 이유는 다른 아이들의 독서 의욕을 자연스럽게 유도 하기 위함이다.

7) 가상 인터뷰

책을 쓴 작가에게 인터뷰하듯이 궁금한 점을 질문으로 만든다. 그리고 짝 을 지어 한 명은 작가 역할을 하고, 다른 한 명은 기자 역할을 하며 가상 인 터뷰를 한다. 작가의 역할을 맡은 학생은 철저하게 작가의 입장에 이입해

답해야 한다.

8) 역할극 대본 만들기

책의 내용을 바탕으로 대본을 만들어 역할극을 해 보는 것이다. 극의 배경을 설명해 주는 내레이션과 등장인물, 역할에 따른 동작 설명과 대사로 대본을 구성하면 된다. 역할극을 하면 등장인물의 특징과 스토리를 보다 생생하게 파악할 수 있으며, 맡은 역할에 몰입함으로써 타인에 대한 공감 능력을 기를 수 있다. 뿐만 아니라 대사를 만들고 외우는 과정에서 표현력과 자신감도 키울 수 있다.

9) 영화나 전시회 관람하기

책을 원작으로 하는 영화를 관람하거나, 책의 삽화를 그린 그림 작가의 전시회를 가보는 것도 좋은 독후 활동이 될 수 있다. 영화를 관람하면서 내가 상상한 주인공의 모습을 직접 만나볼 수 있고, 책과 영화의 같은 점과 다른 점을 비교하며 또 다른 재미에 빠질 수 있다.

생각을 이해하게 하는
영어독서 토론

하브루타 독서 토론 연습하기
_ 도입 하브루타

하브루타 독서 토론의 장점은 무엇일까? 하브루타 독서 토론을 하면 첫째, 다양한 생각들을 주고받음으로써 창의적인 사고력이 증대된다. 둘째, 혼자서는 미처 생각하지 못한 것들에 눈을 뜰 수 있고, 혼자서는 이해할 수 없었던 문제가 해결되기도 한다. 셋째, 어떤 상황이나 논점을 두고 경쟁하는 것이 아니라 여러 사람의 의견을 모아 최선의 해결 방안을 모색하기 때문에 협업하는 능력을 기를 수 있다. 넷째, 정해진 답이나 옳고 그름을 따지는 것이 아니니 어떠한 생각이나 질문도 자유롭게 할 수 있다. 때문에 자발적으로 토론에 참여할 수 있다.

하브루타 독서 토론을 영어로 진행하려면 우선 토론에 참여하는 구성원들의 영어 실력이 비슷해야 한다. 만약 구성원들의 영어 실력에 차이가 크다면 소통이 원활하게 되지 않아 학생들이 적극적으로 참여하기 어렵다.

나는 미국 '르네상스 러닝사'에서 도서의 문장, 길이, 난이도, 어휘 수준을 종합하여 적어놓은 도서의 레벨지수인 AR지수 3점(미국 초등 3학년 정도의 독서수준을 의미)대 전후의 챕터 북(스토리가 챕터로 나눠진 책, 일반적으로 소설책을 읽기 전 단계에 속한다)을 읽고, 스스로 영어로 말하거나 쓸 수 있는 아이들과 수업 전 도입 하브루타 단계에서 질문 카드를 활용하여 질문과 생각 말하기 게임을 하곤 한다.

아이들의 다양한 생각을 많이 들으려면 질문을 정해주고 자기 생각을 말하게 하는 것보다는, 아이가 직접 마음에 드는 질문 카드를 골라서 말하도록 하는 편이 낫다.

구글에서 'Conversation Questions'라고 검색하면 다양한 주제에 대한 질문 예시를 확인할 수 있다.

- Which classes do you like the most(least)?

  어느 과목이 너는 가장 마음에 드니?

- Which classes do you think will help you the most in the future?

  어느 과목이 미래에 네게 가장 도움이 된다고 생각하니?

- Which classes do you think aren't necessary for your future?

  어느 과목이 너의 미래를 위해 가장 필요 없는 것이라고 생각이 드니?

- Who is your favorite teacher?

  네가 가장 좋아하는 선생님은 누구니?

- Who is your best friend?

  너의 가장 친한 친구는 누구니?

- If you could be an animal, what would you be? Why?

  네가 만약 동물이 될 수 있다면 무엇이 되고 싶니? 그 이유는?

- If you were given 3 wishes, what would you wish for?

  만약 3개의 소원을 들어준다면, 너는 무엇을 원하니?

- If you could change one thing in the world what would you change?

  만약 네가 세상에서 한 가지를 바꿀 수 있다면 무엇을 바꾸고 싶니?

- What if you made your school lunch menu, what meals would be on the menu?

  네가 만약 학교 급식 메뉴를 만든다면 어떤 식사가 메뉴에 있을까?

- What has been the happiest day of your life?

너의 삶 속에서 가장 행복했던 적은?

- What job would you like to have when you grow up?
  이다음에 크면 어떤 직업을 갖고 싶니?
- Is there a real friendship between a boy and a girl?
  남자와 여자 사이에 정말 우정이 있을까?
- What kind of music do you usually listen to?
  너는 보통 어떤 종류의 음악을 듣니?
- Talk about a recent restaurant you went to.
  최근에 방문한 식당에 관해 이야기해보세요.

하브루타 독서 토론 전개하기
_ 내용·심화·적용 하브루타

1. 책 내용 요약하여 설명하기

책을 읽고 나서 내용을 요약하여 짝에게 설명한다. 요약은 글의 내용 이해를 전제로 한다. 때문에 등장인물과 배경, 줄거리 등을 먼저 정리하고 이해하는 과정을 거쳐야 한다. 이런 글의 내용과 구조 그리고 중요한 개념을 파악하는 데 필요한 것이 바로 도식 조직자 Graphic Organizer이다. 도식 조직자란 글의 중요한 개념과 이를 설명하는 요소를 그림이나 글로 도식화하여 한눈에 보이도록 나타내는 것이다. 그래서 내용과 구조를 파악하고 오래도록 기억하는 데 효과적이다. 또한 말하고자 하는 바를 시각적으로 제시할 수 있어 듣는 사람에게 이해력을 높일 수 있다.

▶ 내용 정리를 위한 도식 조직자Graphic Organizer 예시

1) 스토리 맵Story Map

스토리 맵은 인물, 사건, 배경, 내용을 요약하여 적는 것을 말한다. 긴 글이 아닌 간단한 문장으로 정리하여 요약하기 때문에 책 한 권의 전반적 구성과 줄거리를 한눈에 파악할 수 있다.

(자료의 경우 인터넷에서 무료 다운로드 받을 수 있다)

스토리 맵을 하면서 사용할 수 있는 질문예시

- What is the title of this story? 제목은 무엇인가?
- Who are the characters in the story? 등장인물은 누구인가?
- Who is the main character? 주인공은 누구인가?
- What are problems? 문제점은 무엇인가?
- What is the solution? 해결책은 무엇인가?

- What is the main idea of the story? 주제는 무엇인가?
- What is the most important part of the story? 가장 중요한 부분은 무엇인가?
- What do you think after reading? 책을 읽고 난 뒤 무슨 생각이 드는가?

2) 비교와 대조 Compare & Contrast

책 속에 나오는 두 가지 요소 즉 개념, 주제, 인물 등의 공통점과 차이점을 찾아 비교·대조해보거나 최근에 읽은 책 내용과 그전에 읽은 책의 내용, 혹은 책의 캐릭터와 나 또는 생각나는 인물과 비교·대조해보는 것을 말한다. 예를 들어 《백설 공주 The Snow White》에 등장하는 백설 공주와 왕비를 비교해 보

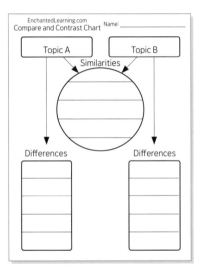

자. 두 사람의 공통점은 아름다운 외모를 가진 왕족이라는 것이고, 차이점은 성격에 있다. 친절하고 타인에게 호의적인 백설 공주와 비교하면 왕비는 외모를 세상에서 가장 중요한 기준으로 삼아 나쁜 행동을 일삼는다. 이렇게 비교와 대조를 하면 특징을 더 잘 파악할 수 있고, 이전에는 미처 알지 못했던 중요한 사실을 발견하거나, 낯선 대상에 대한 올바른 판단 기준

이 생길 수 있다.

비교와 대조를 할 때 사용하는 질문예시

- How are they similar? 어떤 점이 비슷한가?
- How are they different? 어떤 점이 다른 점인가?
- What do you want to compare? 무엇을 비교하고 싶은가?

3) 사건지도^{Event Map}

사건지도는 책 속에서 일어난 사건을 중심으로 어떤 사건이, 언제, 어디서, 누구에게, 어떻게, 왜 일어난 것인지 정리하는 활동으로, 사건에 대해 질문하며 답변을 적어보는 것이다. 사건지도를 쓰면 글의 중요 요소인 갈등, 주인공이 겪고 있는 문제, 사건의 인과 관계를 정확히 파악할 수 있다.

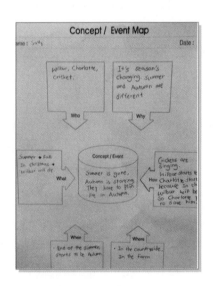

사건지도 내용 질문예시

- Who was involved? 누가 관련되었는가?
- Where did it happen? 어디서 일어났는가?

- What happened? (What is the most event?)

  무슨 일이 일어났는가? (가장 큰 사건은 무엇인가?)
- When did it happen? 언제 일어났는가?
- Why was it important? 왜 중요한가?
- How did it happen? 어떻게 일어났는가?

사건지도 상상 질문예시

- If the story didn't have this event, how would the ending be different?

  그 사건이 발상하지 않았다면, 결말이 어떻게 달라졌을까?
- If you were the main character, what would you do differently?

  네가 주인공이라면, 어떻게 다르게 행동할 것인가?
- If you were the author, how would you change the ending?

  네가 만약 작가라면, 결말을 어떻게 바꿀 것인가?

4) 원인과 결과 Cause & Effect

이는 행동이나 사건에서 원인과 결과를 파악하는 활동을 말한다. 어떤 원인으로 인해 결과가 일어나는 것으로, 시간 순서대로 일어난 일과는 다르다. 예를 들어 '원인: 백설 공주가 무척 예쁘다. 결과: 왕비가 죽이려 했다'와 같은 방식으로 나타내는 것이다. 원인과 결과의 관계성을 따져보는 이런 활동은 논리적 사고 향상에 도움이 된다.

원인과 결과를 알아보기 위한 질문예시

- What was the cause? 원인은 무엇이었는가?
- Why did it happen? (=What made this happen?)
  왜 이런 일이 일어났을까?
- What happened? 무슨 일이 일어난 걸까?
- What is the effect? 그 효과는 무엇인가?
- What was the result? 결과는 무엇이었는가?

2. 중심 문장으로 질문 만들기와 토론하기

① 글을 읽으면서 재미있다고 느꼈거나, 궁금하거나, 이해가 안 되거나, 중요하다고 생각되는 문장에 줄을 긋는다.

② 짝과 함께 표시한 문장을 살펴보며 왜 이 문장에 줄을 그었는지 이야기 나눈다.

③ 짝과 서로 의논하여 각자 줄을 그어둔 문장에서 작가의 의도나 메시지가 될 만한 문장이 무엇인지 찾아 정한다.

④ 그 중심 문장으로 각자 질문을 만든다.

⑤ 짝과 상의하여 토론 주제가 될 만한 질문을 골라 발표한다.

⑥ 발표된 질문 중 하나를 골라 전체 토론 주제로 삼는다.

⑦ 토론 주제에 따른 생각을 각자 적는다.

⑧ 서로의 생각을 들으면서 질문이나 반박을 하며 토론한다.

⑨ 토론한 내용을 정리한다.

▶ 토론에 도움을 주는 활동 예시

1) 의견 쓰기 Opinion Writing

글의 주제에 대한 자신의 의견이나 감상, 생각을 적고 그 의견을 뒷받침할 만한 이유를 적는 것이다. 활동지는 의견, 이를 뒷받침할 이유, 결론의 형식으로 구성된다.

의견란에 적을 만한 질문

- What do you prefer? 너는 무엇을 더 선호하는가?
- What do you think? 네 생각은 무엇인가?
- Why do you think~? 왜 ~생각하는가?
- How do you feel? 기분이 어떤가?

나의 의견을 주장할 때 쓰는 표현

- In my opinion ~
  내 생각에는~
- I think ~ 나는 ~ 생각한다.
- I feel ~ 내가 ~ 느낀다.
- I believe ~ 내가 ~믿는다.
- I know ~ 내가 ~ 안다.

- My favorite ~ 내가 가장 좋아하는~
- I prefer ~ 나는 ~ 선호한다.

주장을 뒷받침할 때 사용하는 표현

- For example(= For instance) 예를 들어
- Another reason 또 다른 이유는
- In addition/Additionally 추가적으로
- First, second, next, finally 첫째, 둘째, 다음, 마지막으로
- Most importantly 가장 중요한 것은

결론을 나타내는 문장

- In conclusion ~ 결론적으로~
- For all the reasons I've ~ 모든 이유 때문에 나는 ~
- As you can see ~ 보시다시피~

2) 연결하기 Making Connections

연결하기는 책에서 본 것과 비슷한 경험이 없는지, 책과 현실적 경험을 연결해 생각하는 것이다. 이렇게 연결하기를 하면 경험을 토대로 주인공의 동기와 행동을 이해할 수 있어 스토리의 재미를

Name: _____		
Making connections		
Complete each section below.		
When I read...	It made me think of...	This is a...
		Text-to-Self Connection Text-to-Text Connection Text-to-World Connection
		Text-to-Self Connection Text-to-Text Connection Text-to-World Connection
		Text-to-Self Connection Text-to-Text Connection Text-to-World Connection

더 느낄 수 있으며, 사고력을 확장할 수 있다.

책과 자신의 경험을 연결하는 질문

- What does this story remind you of?
  이 이야기는 어떤 생각이 나게 하는가?
- Does anything in this story remind you of anything in your own life?
  이 이야기에서 너 자신의 삶을 연상시키는 것이 있는가?
- How does what you know about~ help you understand this story?
  네가 알고 있는 ~은 이야기를 이해하는데 어떻게 도움을 주는가?
- How did this story make you feel?
  이야기는 어떤 느낌이 들게 하는가?

이전에 읽은 책과 연결하는 질문

- What does this remind you of in another book you have read?
  네가 읽은 다른 책에서 무엇이 생각나게 하는가?
- How is this story similar to other things you have read?
  네가 읽은 것과 어떻게 비슷한가?
- How is this story different from other things you have read?
  네가 읽은 이야기와 어떻게 다른가?

책과 세상을 연결하는 질문

- What does this remind you of in the real world?

  이것은 너에게 현실에서 무엇을 상기시키는가?

- How are events in this story similar to things that have happened in the real world?

  이 이야기의 사건들은 현실에서 일어났던 일들과 어떻게 비슷한가?

- How are events in this story different from things that have happened in the real world?

  이 이야기의 사건들은 현실에서 일어났던 일들과 어떻게 다른가?

3) 추론하기 Making Inferences

책 속의 단서와 자신의 경험, 배경지식을 활용하여 명확히 알 수 없는 등장인물의 기분이나 생각, 작가의 의도, 중요 메시지, 결말 등을 미루어 짐작하는 것을 말한다. 예를 들어 주인공들이 우산, 수건, 의자, 바구니, 삽 등을 준비하는 장면을 보면서 이들이 바닷가에 간다는 것을 유추해볼 수 있다. 추론하기 활동을 하면 책에 대한 이해가 깊어지고, 직접 드러나지 않은 내용을 추측하면서 어려운 낱말의 뜻을 짐작할 수 있는 힘도 기를 수 있다.

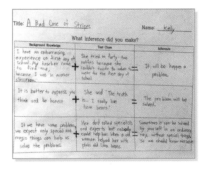

추론하기에서 사용되는 질문예시

- What is the message(lesson) of this story?
  이 이야기의 메시지(교훈)는 무엇인가?

- What clues did you use to figure that out?
  그것을 알아내기 위해 어떤 단서를 사용했는가?

- What is the mood of the story?
  이야기의 분위기는 어떤가?

- Why did the author choose that setting?
  작가는 왜 그 배경을 설정했을까?

- Why do you think the character~?
  왜 그 등장인물은 ~다고 생각하는가?

- How did the character feel when ~?
  ~할 때 그 등장인물은 어떤 느낌이 들었을까?

3. 종합 하브루타

자기 평가self-assessment를 하며 토론에 대한 정리와 반성하는 시간을 갖는다.

▶ 자기 평가 질문 예시

Self-assessment	Good	Average	Failure
Did I listen respectfully(and don't interrupt) when others are speaking? 다른 사람이 말할 때 내가 (방해하지 않고) 정중하게 들었는가?			
Did I look at the person who was talking? 말하는 사람을 쳐다보았는가?			
Did I speak loud enough that others could hear? 내가 다른 사람들이 들을 수 있을 만큼 크게 말했나?			
Did I ask others questions? 질문했는가?			
What is my best and worst point in the discussion? 토론하면서 나의 가장 좋은 점과 나쁜 점은 무엇이었을까? Comment(코멘트)			

토론하기
좋은 책 추천

토론하기에 좋은 책은 내용이 재미있고, 아이들의 눈높이에 맞고, 어려운 어휘가 많이 없는 읽기 편한 쉬운 책이다. 아무리 교훈적인 내용이 담겨있더라도 책을 읽는 아이들의 삶과 배경에서 크게 동떨어지거나, 어휘가 어려워서 내용을 파악하는 데 시간이 걸리는 책이라면 아이들은 흥미를 느끼지 못한다. 흥미를 느끼지 못하면 토론은커녕 책을 다 읽기도 힘들다. 그래서 아이들이 평소 읽는 책의 수준보다 낮은 수준의 책을 고르는 것이 좋다.

아이들이 추천한 책

그림책	줄무늬가 생겼어요A Bad Case of Stripes

데이비드 섀넌David Shannon

주인공 커밀라는 라이머콩Lima bean, 연녹색의 둥글납작한 콩을 좋아하지만 다른 아이들이 이상하게 볼까 봐 그 사실을 숨긴다. 어느 날, 커밀라의 몸에 이상한 줄무늬가 생긴다. 곧 괜찮아진다는 의사의 말을 믿고 학교에 갔지만, 나아지기는커녕 줄무늬는 다양하게 변해간다. 아무리 유명한 의사를 찾아가도, 많은 사람의 도움을 받아도 줄무늬는 사라지지 않는다. 그런데 한 할머니가 커밀라가 원하는 것을 솔직하게 표현할 수 있도록 돕자 몸이 원래대로 돌아온. 커밀라는 이제 다른 아이들의 시선을 신경 쓰지 않고 다양한 종류의 콩을 먹는다.

- 이 책을 읽고 선정한 토론 주제: Can you express your feelings honestly without being self-conscious of the eyes of others? 다른 사람의 시선을 의식하지 않고 자신의 감정을 솔직하게 표현할 수 있을까?

그림책	치과의사 드소토 선생님Doctor De Soto

윌리엄 스타이거William Steig

몸은 작지만 솜씨는 좋은 치과의사 드소토는 생쥐이다. 그는 마을 동물들의 아픈 이를 치료해 주지만 생쥐를 잡아먹는 사나운 동물은 치료해 주지 않는다. 그러던 어느 날 이가 아픈 여우가 찾아와 무릎을 꿇고 사정을 하는 바람에 여우의 이를 치료해 주기로 한다. 첫날 여우의 이를 치료하기 위해 사용한 마취제에 취한 여우는 생쥐를 잡아먹을 생각을 들킨다. 여우의 계획을 알게 된 드소토는 '이를 마저 치료할 것인가?', '아니면 그만둘 것인가?'를 고민하게 된다. 드소토는 결국 여우의 이를 끝까지 치료하되, 지혜를 발휘하여 여우의 이를 새 이로 바꿔준 후, '다신 안 아프게 하는 약'을 이 전체에 발라 며칠 동안 입을 벌리지 못하게 만든다.

· 이 책을 읽고 선정한 토론 주제: Should we keep our work ethic as a doctor until we take the risk of life? 생명의 위험을 감수하면서까지 의사로서의 직업윤리를 지켜야 할까?

소설책	샬롯의 거미줄Charlotte's Web

E. B. 화이트WHITE E. B

작고 약해 죽기 직전인 돼지를 구한 펀은 이 돼지에게 윌버라는 이름을 지어준다. 윌버는 삼촌의 농장으로 보내졌고, 윌버는 그곳에서 따돌림을 당하지만 작은 거미 샬럿만은 윌버의 친구가 되어 준다. 윌버가 곧 죽음을 당한다는 것을 알게 된 샬럿은 윌버에게 자신이 지켜주겠다는 약속을 하고 고민하다가 거미줄로 '대단한 돼지'라는 문구를 쓴다. 이를 신기하게 여긴 사람들이 윌버를 죽이는 대신 돼지 품평회에 참가시키고 윌버는 상을 받게 된다. 하지만 샬럿은 수명이 다 되어서 알을 낳고 죽고 만다. 윌버는 샬럿을 대신해 샬럿의 새끼들을 지킨다.

· 이 책을 읽고 선정한 토론 주제: What is real friendship between friends? 친구 사이의 진정한 우정이란 무엇일까?

소설책	프린들 주세요Frindle

앤드루 클레먼츠Andrew Clements

닉은 항상 남과 다른 기발한 아이디어로 주위 사람들을 놀라게 한다. 특히 단어들의 기원에 대해 의문을 품고 펜을 'Frindle'이라고 부르기 시작한다. 하지만 규칙을 좋아하는 그레인저 선생님은 단어의 본뜻을 무시하는 닉을 못마땅하게 여겨 닉과 아이들에게 벌을 주고, Frindle이라는 단어를 사용하지 못 하게 한다. 그러나 닉이 창조한 Frindle은 학교뿐 아니라, 주, 더 나아가 북아메리카 대륙 전체로 퍼지게 된다. 결국 Frindle은 모두가 통용하는 단어로 사전에 기록된다.

· 이 책을 읽고 선정한 토론 주제 : Is the making of a new language a creative language activity? 신조어는 창의적인 언어 활동일까?

원더Wonder

RJ 팔라시오RJ Palacio

어거스트는 선천적 안면기형 장애를 지니고 태어났다. 27번의 대수술로 인해 홈스쿨링을 하다가 5학년이 되어 학교에 가게 된다. 평범하게 살고 싶지만 다른 사람의 시선 때문에 절대 그럴 수 없다는 것을 아는 어거스트는 자신을 바라볼 때 놀라고 피하는 사람들 때문에 항상 마음이 불편하다. 학교생활 역시 남들과 다른 외모를 가진 어거스트에게 호락호락하지 않다. 영원히 혼자일 것만 같았던 어거스트는 잭과 서머라는 친구를 사귄 후 처음 사귀어 보는 친구에 들뜬다. 그러나 할로윈 데이에 자신을 꾸준히 괴롭히던 줄리언 무리와 "내가 제 얼굴이었으면 자살하고 말았을 거야"라고 말하는 잭을 보고 크게 상처를 입었지만, 잭의 진심 어린 사과에 다시 친구가 된다. 물론 어거스트로 인해 잭도 왕따를 당한다. 우여곡절 끝에 외모만 보고 어거스트를 판단했던 학교 친구들은 위트 있는 그의 본 모습에 서서히 마음을 열게 되고, 어거스트는 친구들의 응원을 받으며 무사히 5학년을 마칠 수 있게 된다.

· 이 책을 읽고 선정한 토론 주제: Can appearance be the standard of happiness? What is the true meaning of difference? 외모는 행복의 기준이 될 수 있을까? 다름의 진정한 의미는 무엇일까?

재미난 생각을 실현하는
영어 하브루타 글쓰기

하브루타로
글쓰기 놀이하다

글쓰기는 자신의 순간적인 아이디어나 상상력, 창의적인 생각을 정리하여 기록으로 남겨 보전할 수 있기 때문에 매우 중요한 활동이다. 또한 영어 글쓰기 자료를 모아 두면 자신의 영어 성장 과정을 한눈에 볼 수 있는 포트폴리오가 될 수도 있다. 하지만 아이들은 글쓰기를 싫어한다. 아이들에게 글쓰기가 왜 싫은지 물어보았다가 쓸 말이 없어 어려워한다는 사실을 알게 됐다. 글을 읽어도 별 감흥이나 생각이 없는데 종이를 주니 무엇을 써야 할지 모르겠다는 것이다. 그래서 나와 아이가 짝이 되어 질문하고 생각을 자극하는 하브루타 방법으로 글쓰기 놀이를 시작했다. 내가 아이들과 하는 글쓰기 놀이는 책을 읽은 뒤 내용을 정리하고 주제나 교훈, 자기 생각을 쓰는 독후 활동이 아닌 나만의 느낌과 생각을 마음대로 쓰는 글쓰기다. 즉 특별히 정해진 형식이나 제안이 없이 질문과 대화를 하면서 글감을 찾고 아이디어를 확장하면서 자신만의 이야기를 만드는 활동을 하는 것이다.

내 마음대로 이야기를 만드는 글쓰기 놀이를 하면 점점 글쓰기가 재미있게 느껴진다. 글쓰기를 즐기다 보면 상상력이 풍부해질 뿐만 아니라 문학적 소양을 기를 수 있고, 자기 생각을 영어로 표현하는 능력도 향상된다. 만약 영어를 시작한 지 얼마 안 됐거나 학습 정도가 부족한 아이라면 읽은 책의 내용을 조금씩 바꿔보거나 그림을 보면서 내용을 상상하며 묘사하는 활동으로 시작하면 된다.

▶ 글쓰기 놀이 예시

1) 사진을 활용한 글쓰기

제시된 주제를 듣고 마음에 드는 사진을 골라 생각나는 대로 이야기를 만들어 써보는 활동이다. 예를 들어 한 학생은 '학교'라는 주제를 듣고 맛있는 음식이 한 상 차려진 밥상 사진을 고르고는 다음과 같이 글을 적었다.

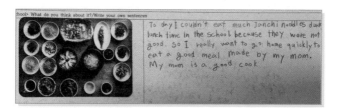

Today I couldn't eat many Janchi noddles during lunchtime in school, because they were not good. So I really want to go home quickly to eat a good meal made by my mom. My mom is a good cook.

글이 짧으면 사진을 여러 개 골라 글을 좀 더 길게 적기도 한다. 시중에 나와 있는 이미지, 사진 카드나 보드게임을 활용하면 아이들의 풍부한 상상력을 끌어내 개성 있는 글을 써볼 수 있다.

2) 질문을 활용한 글쓰기

나는 아이들과 평소 독서 수업을 하면서 만들어 둔 질문 카드를 잘 보관했다가 다시 활용한다. 즉흥적으로 카드를 뽑아 질문하면 대답을 하며 배운 내용을 복습하고, 자연스럽게 말하기 연습도 할 수도 있다. 뿐만 아니라 글쓰기에도 요긴하게 쓰인다. 함께 만든 질문 중 아이들이 각자 마음에 드는 질문을 뽑아 답을 하는 형식의 글쓰기를 하는 것이다. 복불복으로 뽑아서 글쓰기를 시키면 흥미를 느끼지 못하는 경우가 있으므로 아이들이 직접 보고 선택하도록 한다.

예시로 《포플레톤Popppleton》 The library편을 읽고 만들었던 질문 중에서는 다음의 몇 가지를 뽑았다.

- Why does he often go to the library? (그는 왜 자주 도서관에 가니?)
- Do you like to read books? (책 읽는 것을 좋아하니?)
- What kind of books do you like? (어떤 책을 즐겨 읽니?)
- When do you usually go to the library? (언제 도서관에 가니?)

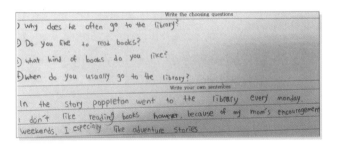

그리고 이 질문을 이용해 만든 문장은 다음과 같다.

In the story, Poppleton went to the library every Monday.

I don't like reading books however, because of my mom's encouragement I go on weekends. I especially like adventure stories.

3) 알파벳 시^{Acrostic Poem}

알파벳 시는 주어진 단어의 알파벳으로 시를 지어보는 활동이다. 우리나라의 삼행시라고 생각하면 된다. 처음부터 문맥에 맞춰 쓰기는 어려우니 문맥에 맞지 않더라도 우선 주어진 알파벳으로 시작하는 것에 의의를 두고 완성해 보자. 시간이 지나 학습 수준이 오르면 주제와 관련된 생각을 표현하는 것으로 쓰면 된다.

4) 단어를 활용한 글쓰기

마인드맵^{Mind Map}으로 단어를 정해서 그 단어를 보고 떠오르는 단어를 모두 적는다. 그 단어를 활용하여 문장 만들기를 한다.

5) 다이어리^{Dairy}와 저널^{Journal} 쓰기

다이어리는 매일 매일 일어난 일을 기록하는 일기이다. 일상생활에서 일어나는 일을 뉴스처럼 기록해두는 일종의 자기 보고서라고 할 수 있다. 일기는 날씨, 요일, 날짜, 제목, 본문으로 구성된다.

저널은 자신의 감정, 어떤 일을 겪었는지, 주변의 누군가에 대해 어떻게 느꼈는지 등

자기 생각과 느낌을 조금 더 창의적으로 적는 일기다. 즉 오늘 나에게 어떤 일이 일어났는데 그에 대해서 어떻게 느끼고 반응했는지, 어떤 영향을 받았는지에 쓰는 것이다. 또한 저널 쓰기의 방식은 특정한 주제를 줬을 때 쓰이기도 한다.

6) 글쓰기 프롬프트^{Writing Prompts} 활용하기

글쓰기 프롬프트는 말 그대로 글쓰기를 위한 아이디어를 제시해주는 것을 말한다. 글감이 될 만한 단어, 대화, 그림, 질문을 제시해주면 그것을 보며 글쓰기 아이디어를 얻는 것이다. 'Writing Prompts'라고 검색하면 자료를 찾을 수 있다.

글쓰기 활동지를 다운 받을 수 있는 사이트

- https://www.woojr.com/200-printable-writing-prompts-kids/
- https://bogglesworldesl.com/creativewriting.htm
- https://www.superteacherworksheets.com/writingideas.html
- https://www.teacherspayteachers.com/

"승자가 즐겨 쓰는 말은 '다시 한번 해 보자'이고,
패자가 즐겨 쓰는 말은 '해봐야 별다를 것 없다'이다."

– 탈무드 中 –

5장

꿈을 이루다,
하브루타 메이커

영어 보드게임
만들기

하브루타 메이커의 첫 번째 작품,
영어 보드게임

하브루타 메이커는 하브루타를 지속해서 실천하여 자신이 상상하고 생각한 것을 직접 만들어내는 사람이란 의미로 내가 붙인 것이다. 하브루타 메이커는 아주 특별한 재능이 필요하지 않다. 그저 재미있게 상상하고 일상에서 필요한 것을 찾아 끊임없이 토론하고 생각한 대로 해 보면 된다. 그 첫 번째가 영어 보드게임이다.

"영어 단어는 왜 외워야 해요?"

언젠가 아이가 내게 물었다. 영어 단어를 외워야 하는 이유는 간단하다. 영어 단어를 많이 알면 알수록 영어를 잘하게 된다.

영어로 된 텍스트를 읽고 이해하거나, 일상적인 대화나 시사적인 문제를 토론하기 위해서는 그러한 대화 속에서 빈번히 사용되는 단어는 알고 있어야 한다. 물론 많이 알면 더 다양하고 풍부하게 이해하고 표현하는 것이 가능해진다.

예전에 읽었던 어느 글에서는 영어권 원어민이 일상생활 중 의사소통에 사용하는 영어 단어는 2,000개 내외이고, 텍스트를 읽거나 토론을 하는 등 학문적인 수준의 구사 능력을 갖추려면 영어 단어를 2만 개쯤 알아야 한다고 한다.

반면 우리는 무작정 짧은 시간 안에 최대한 많은 단어를 외우려고 애쓴다. 그렇게 공을 들여 외운 단어는 활용하지 못하고 금방 잊어버린다. 그러면 또 외운다. 잊고 또 외우고 잊고 지겹도록 시간을 들여가며 반복하지만 결국 머리에 남는 것이 별로 없다.

나는 무의미하게 많은 단어를 외우려고 힘들이기보다는, 단 한 단어를 정확히 알고 제대로 쓸 수 있을 때까지 학습하는 것이 낫다고 생각한다. 그래서 적당량의 단어들을 입 밖으로 자연스럽게 나올 때까지 반복한다.

내가 영어 게임을 창안하게 된 이유는 아이들 때문이었다. 아이들에게 단어를 외울 때 듣기와 말하기를 위해 소리 내어 읽으면서 암기하도록 지도하는데 초등 고학년으로 갈수록 눈으로 쓱 훑고는 마치 이 단어는 아는 것 같다는 거짓된 인지로 대충 넘겨짚고 반복하지 않았기 때문이다.

'어떻게 하면 아이들이 자연스럽게 반복하게 할 수 있을까?' 이런 고민 끝에 영어 게임이 떠올랐다.

흔히 말하는 1만 시간의 법칙(어떤 분야에서 큰 성과를 이루기 위해서는 최소 1만 시간의 학습, 경험, 준비, 혹은 훈련이 이루어져야 한다는 법칙)을 기준으로 했을 때 영어 말하기가 되려면 최소 하루에 매일 3시간씩 10년은 영어 환경에 노출되어야 하는데, 이렇게 하루도 빠지지 않고 매일 3시간씩 학습한다는 것이 웬만한 학습 동기나 부모의 지도가 아니면 생각보다 어렵다. 그래서 비록 적은 시간을 들이더라도 초집중하여 능동적으로 공부할 수 있는 효과적인 방법이 바로 게임이라고 생각했다.

아이들은 모두 게임을 좋아하고, 경쟁 심리를 약간 이용하면 열심히 참여하기 때문이다.

이 책에서 말하는 보드게임이란, 아직 영어 실력이 유창하지 않은 아이들을 위한 일종의 단어나 문장 게임이다. 내가 소개하는 보드게임은 내가 혼자 기획하고 미리 만들어 사용한 것이 아니다. 항상 아이들과 아이디어를 나누며 간단한 게임이라도 함께 만들었다. 그래서 보드게임의 구성과 규칙이 비교적 간단하고 쉽다. 영어 보드게임은 완전히 새로운 것이 아니라 이전에 해본 보드게임을 모방해 규칙을 바꾸거나 구성을 변형시켜 응용한 것이다.

▶ 영어 보드게임 실천사례

1) 버려 게임

아이들과 재미나게 놀았던 영어 단어 게임 중 첫 번째는 '버려'라는 게임이다. 카드를 뽑아서 읽으면 가져가는데, 이때 '폭탄 카드'가 나오면 자신이 모은 단어

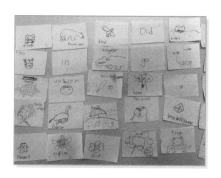

카드를 버려야 한다고 해서 '버려'라고 이름 지었다.

게임 구성	• 게임 참여 인원: 2~6명 • 준비물: 단어 카드(최소 16장 이상), 폭탄 카드(최소 2장 이상) * 단어 카드의 수를 꼭 정할 필요는 없다. 다만 참여 인원이 많을수록 단어 카드가 좀 더 많아야 한다.

게임 준비	• 단어 카드 만들기
	① 빈 종이를 네모나게 카드 형태로 자른다.
	    ＊ 종이는 뒷면에서 앞면에 적은 단어가 보이지 않도록 조금 두꺼운 종이을 사용하는 것이 좋다. 얇은 종이는 잘 구겨지기 때문에 재사용하기 어렵다.
	② 카드의 한쪽 면에 새로 배운 단어를 쓴다.
	    ＊ 저학년이거나 학습 단계가 높지 않은 경우 앞면에 단어 적고 위에는 힌트가 될 만한 그림을 그려둔다.
	
	• 폭탄 카드를 만든다.
	    ＊ 폭탄 카드는 빈 종이 카드 한면에 폭탄boomb이라고 적은 것이다.
	    ＊ 폭탄 카드는 말 그대로 날려버린다는 의미로 만약 플레이어 중에 폭탄 카드를 뽑으면 그동안 모아둔 카드들을 내놓는 역할을 한다.

게임 방법	① 모든 카드의 단어가 보이지 않도록 접어서 통에 모아 둔다.
	② 가위바위보로 선과 게임 진행 방향을 정한다.
	③ 첫 번째 플레이어가 통에서 카드를 뽑아 단어를 읽고 뜻을 말한다. 플레이어가 단어를 읽고 뜻을 말할 수 있으면 그 카드는 자신이 갖는다.
	    ＊ 단어 카드에 한글 뜻만 적어두고 영어 단어를 말하게 해도 된다.
	    ＊ 처음 카드를 읽을 때 제대로 읽고 뜻을 말할 수 있으면 연속으로 4번까지 카드를 뽑을 수 있다.
	④ 차례대로 돌아가면서 카드를 뽑아 단어를 읽는다.
	⑤ 만약 폭탄 카드가 나오면 그동안 모아두었던 카드를 모두 원래 있던 통에 버린다.
	
	• 카드가 모두 소진되었을 때 단어 카드를 제일 많이 가지고 있는 사람이 승리한다.

아이들이 만든 단어 카드는 수업 전에 복습용으로 꺼내 읽기를 하거나 새롭게 배운 단어들과 섞어서 또 다른 형태의 보드게임에 활용하면 된다. 때문에 사용 후 버리지 않고 주제별로 분류한 뒤 고무줄로 묶어 관리하면 좋다.

2) 영어 오목

healthy	luckily	celebrate	His ture	attraction	soildier
		triumph	vegetable	celebrate	attraction
soldier			wonderful		reach
attack	admiral	in front of	(test)	bakery	exercise
museum	straight	street	stretching	subway	cooking pot
directly	great-grand father	healthy	enough	painful	display

게임 구성	• 게임 참여 인원: 2명 • 준비물: 바둑판, 바둑알, 펜

게임 준비	• 종이를 접어 가로·세로 각각 8칸을 만든 뒤 선을 그어 바둑판을 만든다.
	  * 바둑판의 칸수는 8칸 이상이거나 이하여도 크게 상관은 없지만 칸 안에 영어 단어를 적어야 하니 어느 정도 공간을 남겨두도록 하자.
	• 한 칸에 한 단어씩 쓴다.
	  * A4 한 장이라면 총 64개의 단어를 쓸 수 있다.
	  * 만약 더 많은 단어를 쓰고자 한다면 원하는 만큼 종이를 이어 붙이면 된다.
	  * 재사용 하려면 글씨가 있는 앞면에 투명 시트지를 붙여 쓰면 된다.

게임 방법	• 오목은 같은 색의 돌을 가로·세로·대각선으로 5개가 나란히 오도록 두는 것이다.
	  ① 가위바위보로 흰 돌, 검은 돌을 정한다. 검은 돌이 게임을 먼저 진행한다.
	  ② 칸에 쓰인 단어를 읽고 우리말 뜻을 말하며 자신의 돌을 내려놓는다.
	    * 단어를 읽지 못하거나 뜻을 말하지 못하면 돌을 내려놓을 수 없다.
	  ③ 가로, 세로, 대각선 방향 상관없이 5개의 돌을 나란히 놓는 사람이 승리한다.
	    * 상대 플레이어는 상대방의 돌 5개가 나란히 오지 못하도록 자신의 돌로 막아야 한다.

3) 순발력 게임

이 게임은 제시되는 조건과 같은 조건의 카드를 재빨리 발견하여 먼저 종을 치면 이기는 게임이다. 나는 보통 두 가지 방법으로 활용한다.

게임 구성	• 게임 참여 인원: 2~6명 • 준비물: 단어 카드 56장, 종 * 단어 카드는 꼭 56장이 되어야 하는 것은 아니지만 너무 적으면 빨리 끝나고 너무 많으면 카드를 섞기 힘들다.
게임 준비	• 빈 카드에 영어 단어를 적어 총 56장을 준비한다. • 모두 둘러앉아 가운데에 종을 둔다. • 게임 진행자를 한 명 뽑는다. 진행자는 게임에 참여하지 않고 단어 목록에서 제시어를 뽑아 말해 준다. * 단어 목록은 아이들이 외워야 하는 단어들을 한 페이지에 다 적은 것을 말한다.

게임 방법	• 단어 카드를 모두 똑같이 나눠 갖는다.
	  자신이 가진 카드는 자신의 앞에 더미를 만든다. 만약 남는 카드가 있다면 가운데에 더미로 만들어 둔다.
	• 카드 내용이 보이지 않도록 유의하며 각자 제일 위에 있는 카드의 위쪽을 잡는다.
	• 진행자가 제시어를 외치면 플레이어들은 1, 2, 3을 센 후 동시에 카드를 상대방이 보이도록 뒤집어 단어를 공개한다.
	• 공개된 단어 카드 중 제시어가 있다면 그 단어를 찾은 사람이 재빨리 종을 누른다.
	  * 만약 공개된 카드 중에서 제시어가 없다면 카드를 모두 버린 후 다시 1, 2, 3을 센 다음 카드를 공개한다.
	• 종을 누른 사람은 제시어를 읽고 뜻을 말한다.
	• 정답이라면 다른 참가자들이 공개한 카드까지 모두 가져가 따로 모아 둔다.
	  획득한 카드는 게임이 끝난 후 점수가 되기 때문에 자신의 앞에 더미로 쌓아둔 카드와 섞이지 않도록 주의한다.
	  * 만약 정답을 말하지 못하거나 제시어가 없는데 누른 경우에는 자신이 획득한 카드 중 플레이하는 인원수만큼 가운데에 단어가 보이지 않도록 낸다.
	  * 만약 획득한 카드가 없으면 카드를 따로 내지 않고 다음 차례를 진행한다.
	• 한사람이 자신의 앞에 있는 카드를 전부 소진할 때까지 반복한다.

두 번째 소개할 방법은 원작 게임처럼 5개의 숫자와 단어를 응용하는 것이다. 원작에는 4종류의 과일 카드가 사용되지만, 이 순발력 게임에는 과일 대신 4종류의 색깔 스티커를 사용한다.

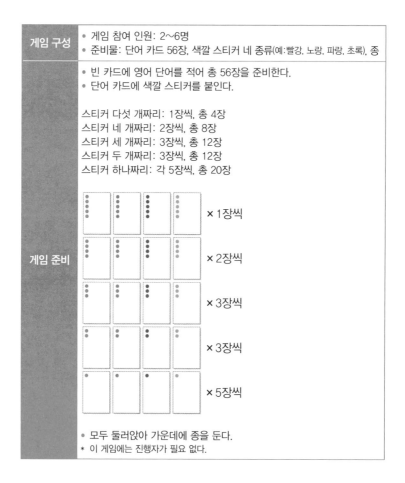

게임 구성	• 게임 참여 인원: 2~6명 • 준비물: 단어 카드 56장, 색깔 스티커 네 종류(예:빨강, 노랑, 파랑, 초록), 종
게임 준비	• 빈 카드에 영어 단어를 적어 총 56장을 준비한다. • 단어 카드에 색깔 스티커를 붙인다. 스티커 다섯 개짜리: 1장씩, 총 4장 스티커 네 개짜리: 2장씩, 총 8장 스티커 세 개짜리: 3장씩, 총 12장 스티커 두 개짜리: 3장씩, 총 12장 스티커 하나짜리: 각 5장씩, 총 20장 × 1장씩 × 2장씩 × 3장씩 × 3장씩 × 5장씩 • 모두 둘러앉아 가운데에 종을 둔다. * 이 게임에는 진행자가 필요 없다.

| 게임 방법 | • 단어 카드를 섞어 모두 똑같이 나눠 갖는다.
• 각자 카드를 쥐고 동시에 뒤집어 앞면을 공개한다.
• 같은 색깔 스티커 수를 합해 다섯 개가 된다면 재빨리 종을 누른다.

예를 들어 다음의 경우는 파란색 스티커가 다섯 개이므로 종을 쳐야 한다.

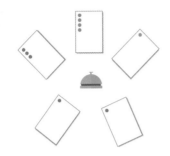

• 위의 경우 파란 스티커가 붙은 카드에 적힌 단어를 읽고 뜻을 맞춘다. 만약 틀렸다면 가지고 있는 카드 중 하나를 가운데에 내려놓는다. |

4) 단어 카드 피라미드 게임

단어 카드를 피라미드 모양으로 쌓는 게임이다. 제일 아래층은 8장이며, 위로 쌓을수록 한 장씩 줄어들며 피라미드 모양이 된다.

게임 구성	• 게임 참여 인원: 2~6명 • 준비물: 단어 카드 36장, 색깔 스티커 다섯 종류(예: 빨강, 노랑, 초록, 하양, 파랑)
게임 준비	• 빈 카드에 영어 단어를 적어 총 36장을 준비한다. • 단어 카드 앞면에 색깔 스티커를 하나씩 붙인다. • 빨강, 노랑, 초록, 하얀 스티커가 붙은 카드는 각각 7장씩, 파랑 스티커가 붙은 카드는 8장 준비한다.

게임 방법	• 단어 카드를 모두 똑같이 나눠 갖는다. • 순서와 진행 방향을 정한다. • 카드를 내려놓을 때는 적혀있는 단어를 읽어야 한다. • 첫 번째 플레이어가 카드를 내려놓는다. • 두 번째 플레이어는 첫 번째 플레이어가 놓은 카드 옆에 자신의 카드를 내려놓는다. • 세 번째 플레이어부터는 카드를 위에 둘 수도 있다. 다만 카드를 위로 놓으려면 아래층의 카드 둘 중 하나와 같은 색의 스티커가 붙어있어야 한다. 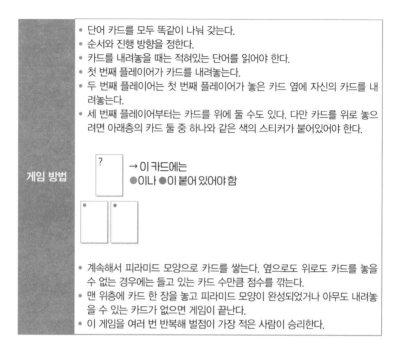 • 계속해서 피라미드 모양으로 카드를 쌓는다. 옆으로도 위로도 카드를 놓을 수 없는 경우에는 들고 있는 카드 수만큼 점수를 깎는다. • 맨 위층에 카드 한 장을 놓고 피라미드 모양이 완성되었거나 아무도 내려놓을 수 있는 카드가 없으면 게임이 끝난다. • 이 게임을 여러 번 반복해 벌점이 가장 적은 사람이 승리한다.

5) 퐁당퐁당 점프 게임

이 게임은 빈칸으로 건너
뛰면서 단어 말을 획득하는
게임이다.

게임 구성	• 게임 참여 인원: 2~4명 • 준비물: 종이, 펜, 병뚜껑 30개, 라벨지
게임 준비	• 종이에 줄을 그어 32칸짜리 게임판을 만든다. 16칸짜리 종이 두 장을 이어 붙여도 상관없다. • 라벨지에 영어 단어를 적고 병뚜껑에 붙이면 말이 완성된다. • 말판의 가운데 2칸을 비운 뒤 30개의 말을 배치한다.

게임 방법	• 말 하나를 선택한 뒤 다른 말을 뛰어넘는다. 이때 반드시 빈 곳에 착지해야 하며 말은 가로·세로·대각선으로 움직일 수 있다.
	
	  * 한 칸씩만 뛰어넘을 수 있고, 다른 말이 없는 칸은 지나갈 수 없다.
	  * 한 번에 여러 번 점프할 수 있다.
	
	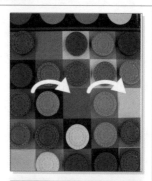

	• 뛰어넘은 말에 적힌 단어를 읽은 뒤 획득한다.
	• 모든 플레이어가 더 점프할 수 없을 때 단어 말을 가장 많이 가진 사람이 승리한다.
	
	Tip. 난이도 높이기!
	* 꽝 칸을 만든다. 꽝 칸에는 말이 착지할 수 없다.
	* 시작할 때 빈칸을 두 개가 아닌 하나로 설정한다.

6) 동물의 왕국 게임

물웅덩이를 중심으로 숫자에 해당하는 단어 카드를 배치하여 같은 수의 단어 카드가 3장이 되면 하나 작은 숫자에 있는 단어 카드를 모두 획득하는 게임이다.

게임 구성	• 게임 참여 인원: 2~4명 • 준비물: 단어 카드 64장, 숫자 1~8이 적힌 팔각형 게임판(물웅덩이), 숫자 스티커(1~8)
게임 준비	• 빈 카드에 영어 단어를 적어 총 64장을 준비한다. • 단어 카드에 숫자 스티커를 붙인다. 같은 스티커가 붙은 카드는 8장씩이다(숫자 1카드 8장, 숫자 2카드 8장……)
게임 방법	• 팔각형 게임판을 가운데에 둔다. • 각자 단어 카드를 5장씩 나눠 갖고 남는 카드는 게임판 중앙에 쌓아 둔다. • 순서와 진행 방향을 정한다. • 물웅덩이에 적힌 숫자에 맞게 카드를 내려놓고 단어 카드에 적힌 단어를 읽는다. 자기 차례에 있는 카드 중 원하는 카드를 내려놓는데, 최소한 1장은 내려놓아야 하고, 추가로 같은 숫자가 적힌 카드를 여러 장 내려놓아도 된다. • 손에 쥔 단어 카드는 언제나 5장이어야 한다. (예: 2장을 내려놓았다면 중앙에 쌓아둔 카드 더미에서 2장을 가져온다) • 같은 숫자 카드가 3장 이상 모이면 하나 적은 숫자의 카드를 모두 가져올 수 있다. 8 → 7 → 6 → 5 → 4 → 3 → 2 → 1 → 8 순서이다.

| 게임 방법 | 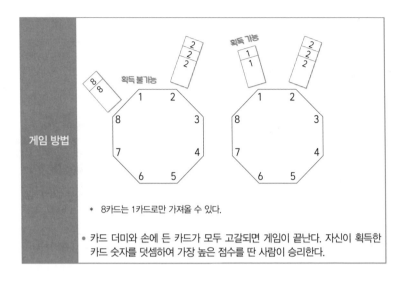 |

* 8카드는 1카드로만 가져올 수 있다.

● 카드 더미와 손에 든 카드가 모두 고갈되면 게임이 끝난다. 자신이 획득한
  카드 숫자를 덧셈하여 가장 높은 점수를 딴 사람이 승리한다.

7) 서커스 카드 게임

기존 보드게임을 응용한 것으로 앞선 동물의 왕국 게임에서 사
용한 단어 카드를 활용할 수 있다.

게임 구성	● 게임 참여 인원: 2~5명 ● 준비물: 단어 카드 80장, 액션 카드 9장, 숫자 스티커(0~7)
게임 준비	● 빈 카드에 영어 단어를 적어 총 80장을 준비한다. ● 'Give me a card', 'Let me pick a card', 'Reveal cards until a card is duplicated'라고 적은 카드를 각각 3장씩 만든다. 이 카드는 액션 카드로 사용한다. ● 단어 카드에 숫자 스티커를 붙인다. 같은 스티커 붙은 카드는 10장씩이다(숫자 0카드 10장, 숫자 1카드 10장……) * 동물의 왕국 게임에서 만든 카드를 섞어서 활용할 수 있다. ● 카드를 섞어 가운데에 단어가 보이지 않도록 뒤집어 더미로 둔다.

게임 방법	• 순서와 진행 방향을 정한다.
	• 자신의 차례에 카드 더미에서 카드를 한 장 뒤집고 카드에 적힌 단어를 읽는다. 마음에 드는 숫자가 나오면 그 카드를 가져온다. 마음에 드는 숫자가 나올 때까지 계속 카드를 펼쳐볼 수 있다. 하지만 이미 펼쳐진 카드와 중복되는 숫자가 나오면 카드를 가져오지 못하고 차례가 끝난다.
	   * 자신의 차례에 펼쳐진 카드 중에 가져오고 싶은 것이 있다면 더미에서 다른 카드를 뒤집지 않고 가져올 수 있다.
	• 카드를 펼치다가 액션 카드가 나오면 그 카드의 내용을 수행해야 한다.
	   * Give me a card: 다른 플레이어 한 명에게 카드 1장을 달라고 한다(지목받은 플레이어가 자신의 카드 중 1장을 골라서 줌).
	   * Let me pick a card: 다른 플레이어의 카드 1장을 빼앗는다(지목받은 플레이어가 자신이 가진 카드를 섞고 임의로 1장을 빼앗김).
	   * Reveal cards until a card is duplicated: 중복되는 숫자 카드가 나올 때까지 카드를 뒤집는다. 중복되는 숫자 카드가 나오면 마지막에 뒤집은 카드는 버리고, 펼친 카드 중에서 1장을 가져온다.

게임 방법	• 어느 정도 카드가 모이면 자기 차례에 '트리오'나 '갈라 쇼'를 등록해 점수를 얻을 수 있다.
	   * 트리오: 같은 숫자 카드가 3개 있는 것.
	   * 갈라 쇼: 0~7까지 모든 숫자 카드가 있는 것.
	• 누군가 갈라 쇼를 등록했을 때, 혹은 카드 더미와 펼쳐진 카드까지 모두 소진되면 게임이 끝난다.
	• 가진 카드와 등록한 카드 점수를 계산해 점수가 가장 높은 사람이 승리한다.
	   * 가진 카드의 숫자가 중복되면 하나만 점수로 인정한다.
	   * 트리오와 갈라 쇼는 각각 10점이다.
	   (예: 가진 카드: 2점 2장, 3점 1장, 5점 2장, 7점 1장 / 등록된 트리오: 1개
	   → 2 + 3 + 5 + 7 + 10 = 27점)

8) 메모리 게임

이 게임은 참여하는 모든 플레이어가 협력하여 다 같이 이기거나 아니면 지는 게임이다. 우리말 뜻이 적힌 타일에 해당하는 영어 단어 카드를 많이 모아서 벌점을 최소화하면 모두 이긴다.

게임 구성	• 게임 참여 인원:2~4명 • 준비물: 빈 통 4개, 타일 16장(단어 카드보다 큰 사이즈), 단어 카드 36장
게임 준비	• 타일 한 장에 한글 뜻을 3나 4개 정도 적는다. 　타일에 적힌 뜻의 수가 적을수록 외워서 찾아 쉽다. 예시) 　구두　사과　자동차　　사람　뛰다　하늘　앉다　… 8장 • 준비한 단어 카드 36장에 32장(타일에 한글 뜻을 4개씩 총 8장에 다 적었다고 가정했을 때 필요한 영어 단어 카드 수)에 한글 뜻과 매칭되는 영어 단어를 각각 한 개씩 적는다. • 빈 단어 카드 4장에는 꽝이라고 적는다. Tip. 난이도 높이기1! • 타일에 적은 한글 단어 개수를 늘린다. 　＊ 이때 타일에 적힌 한글 단어 개수만큼 영어 단어 카드 수를 늘려야 한다. 　　(예: 예를 들어 8장의 타일에 한글 의미를 5개씩 적었다면 필요한 단어 카드 수는 8×5+4(꽝 카드)=44장(단어 카드 수)이다. Tip. 난이도 높이기2! • 타일의 개수를 8장에서, 16장으로 늘려 게임 난이도를 높일 수 있다. Tip. 타일에 한글 문장이나 8품사를 적어두고 단어를 찾게 해도 된다. 예시) 　토끼가　빠르게　언덕에서　뛴다.　　명사　(4개 찾기)

게임 방법	<ul><li>타일 8장을 섞어서 타일 4장만 골라 한글 의미를 확인한 뒤 4개의 빈 통 앞에 글자가 보이지 않도록 뒤집어 둔다. 나머지 4개의 타일은 사용하지 않으니 치운다.</li><li>영어 단어와 꽝이 쓰인 단어 카드도 보이지 않도록 뒤집어 빈 통 주변 여기저기에 둔다.</li><li>시작 신호에 플레이어들은 돌아가며 카드를 하나씩 뒤집어 단어를 읽는다.</li><li>자신이 뒤집어서 읽은 카드가 타일에 적혀있는 한글 뜻일 것 같으면 그에 해당하는 빈 통에 넣는다. * 만약 꽝 카드를 뽑게 되면 벌점으로 -1점을 얻는다. * 만약 타일에 적혀있는 뜻과 단어 카드가 매칭되지 않는다면 영어 단어만 읽고 그 자리에 도로 뒤집어놓는다.</li><li>4개의 빈 통에 단어 카드가 3~4장이 들어가 있으면 멈추고 빈 통에 있는 단어 카드를 꺼내 타일에 적힌 단어와 일치하는지 확인한다. 이때도 영어 단어를 소리 내어 읽어야 한다. * 만약 오답이 있을 경우 그 수만큼 벌점으로 마이너스 점수를 얻는다.</li><li>벌점으로 5점이 넘지 않으면 모든 플레이어는 승리한다. * 만약 답을 다 공개하지 않았는데, 오답 수와 꽝으로 얻은 벌점이 5점을 넘어가면 즉시 게임에서 진다.</li></ul>

9) 복불복 게임

이는 시중에서 판매하는 악어 룰렛을 이용하는 게임이다. 다만 기존 규칙과는 달리 악어 이빨을 누를 때와 악어 입이 닫힐 때마다 점수를 받는다.

게임 구성	<ul><li>게임 참여 인원: 2~6명</li><li>준비물: 악어 룰렛(비슷한 종류의 다른 장난감을 사용해도 좋다), 단어 카드, 통</li></ul>
게임 준비	<ul><li>빈 카드에 영어 단어를 적어 준비한다. * 한꺼번에 통에 담아 무작위로 뽑으므로 카드가 많을수록 복습 효과가 좋다. * 이전에 사용한 단어 카드를 재사용할 수 있다.</li><li>준비한 단어 카드를 통에 넣고 섞는다.</li></ul>

게임 방법	• 순서와 진행 방향을 정한다. • 통에서 카드를 뽑고 단어를 읽으며 악어 이빨을 하나 누른다. 이빨을 누를 때마다 1점씩 받는다. * 만약 단어를 읽을 수 없다면 이빨을 누를 수 없다. • 악어 입이 닫히면 게임이 끝난다. 자기 차례에 악어 입이 닫혔다면 2점을 추가로 획득한다. • 획득한 점수를 계산해 가장 점수가 높은 사람이 승리한다.

10) 같은 그림 찾기

내가 가진 카드와 공통되
는 카드를 찾는 기존 보드게
임을 응용한 것이다.

게임 구성	• 게임 참여 인원:2~4명 • 준비물: 카드 57장, 색칠 도구
게임 준비	• 빈 카드 한 장당 8가지 그림을 그리거나 단어를 적는다. 다른 카드의 그림과 공통되는 것이 반드시 있어야 한다.
게임 방법	• 카드를 섞어 한 장씩 나눠 가진 뒤 남은 카드는 가운데에 둔다. • 카드 더미 맨 위 카드와 자기가 가진 카드의 공통점을 찾아 영어로 외친다. 정답이라면 카드를 획득하게 된다. • 카드 더미에 있던 카드가 전부 소진되면 게임이 끝난다. • 가장 많은 카드를 가진 사람이 승리한다. Tip. 단어 카드 자동 생성 사이트 • 직접 카드를 만들 필요 없이 아래 사이트에 단어나 그림을 입력하면 프린트할 수 있게 카드를 자동 생성해 준다. http://aaronbarker.net (도블게임 만들기)

11) 영어 단어 원 카드

게임 구성	• 게임 참여 인원: 2~6명 • 준비물: 색깔 단어 카드(색지 4종류 각 4장), 숫자 스티커(1~9)
게임 준비	• 한 색깔당 카드 18장씩 총 72장을 만든 뒤, 영어 단어를 적는다. 　　* 한 색깔당 카드 9장에 숫자 스티커 1~9까지 붙인다. 즉 같은 색깔에는 카드에 1~9까지 붙인 카드 2set를 만든다. • 한 색깔당 카드 2장씩 총 24장을 만든 뒤, 여기에 'Skip', 'Draw two', 'Reverse'라고 적어 행동 카드로 지정한다. • 한 색깔당 카드 1장씩 총 4장을 만든 뒤 'Wild'라고 적는다. 이는 특수 카드가 된다.
게임 방법	• 모든 플레이어가 카드를 7장씩 나눠 갖고 나머지 카드 더미는 가운데에 둔다. 카드 더미에서 맨 위에 있는 카드 1장을 오픈한다. • 순서와 진행 방향을 정한다. • 오픈된 카드와 색깔 또는 숫자가 같은 경우 해당 단어를 읽으며 카드를 내려놓는다. 만약 카드를 내려놓을 수 없는 경우 카드를 1장 가져온다. • 누군가 행동 카드 혹은 특수 카드를 내면 그에 따라야 한다. 　　* Skip: 다음 플레이어 차례를 생략한다. 　　* Draw two: 다음 플레이어는 무조건 카드 더미에서 카드를 2장 가져와야 한다. 　　* Reverse: 게임 진행 방향을 반대로 바꾼다. 　　* Wild: 다음 플레이어가 낼 카드 색깔을 지정해 준다. 이 카드는 오픈되어있는 카드의 색깔이나 단어와 상관없이 아무 때나 사용할 수 있다. • 가진 카드가 1장 남으면 "원 카드"라고 외쳐야 한다. 만약 다른 플레이어가 이를 눈치채고 먼저 "원 카드"라고 외치면 카드 더미에서 카드를 1장 가져와야 한다. • 가장 먼저 카드를 소진하는 사람이 승리한다.

　　영어 보드게임에 참여하려면 영어 단어나 문장을 정확히 읽고 말해야 하므로, 말하기 능력이 부족하거나 말하기 활동을 두려워하던 아이들도 정확한 발음을 구사할 수 있게 되고 영어로 말할 수 있다는 자신감이 생긴다. 또한 자연스럽게 반복하므로 장기 기억으

로 저장되고 재미도 있다.

　이렇게 아이들과 자주 게임을 만들어 놀다 보니 점차 아이들 스스로 게임 아이디어가 떠올랐다며 적극적으로 방법을 설명하는 일이 생겼고, 가끔은 직접 게임을 만들어 와 같이 놀기도 했다.

　나는 아이들의 이런 모습을 지켜보며 우리가 메이커로서 첫 단계를 밟고 있다는 생각이 들었다. 내가 생각하는 메이커는 남들과 다른 거창하고 멋진 것을 만드는 사람이 아니라 일상에서 필요하고 재미있겠다고 상상하는 것을 직접 만들어보는 사람이기 때문이다.

나도 말할 수 있다!
영어 동화 스토리텔링

스토리텔링으로
영어 말하기의 날개를 달자

스토리텔링은 이야기를 만들어 전달하는 것을 말한다. 이야기는 무엇일까? 일정한 줄거리를 가지고 하는 말이나 글이다. 우리는 이야기 할 때 이미지를 사용한다. 말은 사람의 생각이나 느낌 따위를 소리로 전달하는 것이고, 이 중에서도 일종의 구성을 갖추고 있는 것이 이야기이다. 우리는 이러한 이야기를 밖으로 꺼내기 전에 먼저 전달하고자 하는 이미지를 떠올리고 언어를 통해 전달한다. 예를 들어 "내가 어제 차에서 내리는데 바로 옆에 길고양이가 있어서 깜짝 놀랐어"라고 말하기 전에 이미 그 순간의 이미지를 떠올리며 말로 표현한다. 이렇듯 우리는 말을 할 때 이미지를 사용한다.

영어 말하기 훈련을 할 때 효과적인 방법 역시 이미지를 활용한 스토리텔링이다. 앞서 말했듯이 나는 영어책을 읽고 끊임없이 스토리텔링을 한 덕분에 영어 말하기 실력이 늘었다. 이러한 경험을 토대로 이제 막 영어를 배우기 시작했거나 학습 레벨이 낮은 아이들에게 스토리텔링으로 영어 공부하는 법을 가르친다. 스토리텔링은 아이들에게 자신감을 북돋아 주고, 문장 구성 훈련을 할 수 있으며, 자연스러운 말하기 훈련, 단어 암기 등 많은 부분에 이롭다.

영어 동화 스토리텔링은 단순히 책에 나온 문장을 읽는 것이 아니다. 문장을 외워 말하는 것도 아니다. 서두에서도 이야기 했지만 스토리텔링을 할 때는 머릿속의 이미지가 잘 전달되도록 스토리를 정확하게 파악하고 문형을 변형시킬 수 있어야 한다. 그래야 청자의 반응을 살펴 소통하며 풍성하게 이야기를 나눌 수 있다.

여기서 한 가지 주의할 점은 영어 동화 스토리텔링이라고 하면 그림책부터 떠올리는데, 영어 그림책은 의외로 문장이나 어휘 수준이 높다. 나도 처음에 멋모르고 영어 그림책으로 스토리텔링을 했다가 아이들의 시큰둥한 반응에 속상했던 기억이 있다. 그림책은 들려주는 사람도 많은 준비를 해야 하지만, 듣는 사람도 어떤 줄거리인지 쉽게 짐작하고 이해할 수 있는 수준은 되어야 한다. 그림이 있으니 쉬울 거라 얕보지 말자. 어른인 우리도 그림을 보고서 전반적인 내용을 이해하기가 그리 쉽지 않다.

영어책을 활용한 스토리텔링

재차 말하지만, 처음 영어 관련된 직업을 가졌을 때 열정만큼은 남부럽지 않았지만 영어로 말은 못 했다. 이 시기에 영어 동화책으로 스토리텔링을 했던 방법은 다음과 같다.

1. 무조건 문장이 간단한 책 고르기

나는 처음 스토리텔링을 할 때 리더스로 나온 책을 사용했다. 리더스는 한정된 문법과 어휘로 구성되어 있어 그림책보다는 쉽게 내용을 파악할 수 있지만, 이 역시 스토리를 담고 있다 보니 동사의 시제가 다양하게 나올 수 있다. 리더스에 있는 문장을 활용하여 문장 바꾸기 훈련을 할 때 이런 시제도 어려울 수 있으니 되도록 시제의 변화가 많지 않은 것으로 고르자. 내가 주로 사용한 책은《옥스퍼드

리딩트리^{Oxford Reading Tree}》 시리즈의 레벨 1~5단계 이내의 책이다.

2. 글보다는 그림을 더 먼저, 더 자세히 관찰하기

아이들은 글보다는 그림에 먼저 시선이 간다. 글은 머릿속으로 문자를 읽고 해석하는 과정을 거쳐야 하지만 그림은 시각적으로 바로 전달되기 때문이다.

그림은 글의 내용을 전달하기 위한 묘사이기 때문에 자세히 들여다보면 내용을 짐작하기 쉽고, 글의 느낌과 조금 다르게 해석된 관점을 발견할 수 있다. 또 어떤 책은 글에서 담지 못한 세세한 표현들로 좀 더 풍성한 이야기를 전달하기도 한다. 그림을 보며 재미있거나 의문이 드는 부분이나 느낀 점을 질문하고 대화하면서 서로의 생각을 나누는 활동은 깊은 감동을 준다.

3. 음원을 그대로 흉내 낼 수 있도록 노력하기

영어 억양과 발음은 중요하다. 이는 원어민처럼 영어를 유창하게 말하기 위해서가 아니라 정확하게 듣고 말하기 위함이다. 분명 아는 단어로 말했는데 상대방이 알아듣지 못한다면 이것은 정확하지 않기 때문이다. 서로 알아듣지 못하면 의사소통을 할 수 없다. 게다가 한 번 잘못 익힌 발음은 생각보다 고치기 힘들다. 나는 지금도 아무리 간단하고 이미 아는 단어라도 꼭 듣고 따라 하는 습관이 있다.

4. 문장을 소리 내어 많이 읽기

'많이'의 기준은 사람마다 다르지만 나 같은 경우 보통 한 문장을 막힘없이 읽을 수 있을 때까지 반복해 읽는다. 영어는 무조건 소리 내어 읽어야 한다. 비단 발음을 위해서가 아니라 더 잘 듣고, 더 잘 이해하고, 더 잘 기억하기 위해서다. 소리를 내면 집중력이 높아져 기억에 잘 남는다.

5. 같은 책 반복해서 읽기

예전에 영어교육 관련 강의에서 뇌에 들어온 정보가 장기 기억으로 저장되려면 1,600번 정도는 반복해야 한다는 이야기를 들은 적이 있다. 나도 처음 영어 강사를 시작할 당시에 학생과 학부모들 앞에서 실수하기 싫어서 셀 수 없이 읽고 또 읽었던 기억이 있다. 그렇게 반복해서 읽던 문장들은 내가 말할 때 자유롭게 문장을 만들어 활용할 수 있는 뼈대가 되었다.

6. 그림을 보면서 등장인물의 기분이 어떤지, 배경은 어디인지, 어떤 상황인지, 배경 속에 있는 것은 무엇인지 등을 생각하며 영어질문 만들기

이때 만드는 문장은 복잡하고 어려워서는 안 된다. 기본적인 문법을 머릿속으로 애써 고민하는 것이 아니라 입으로 익혀 자연스럽게 나오도록 하려면 간단해야 한다. 그림을 관찰하면서 생각난 단어도 활용하고, 책에 나와 있는 문장을 그대로 활용해가며 질문 (의문문)도 만든다. 처음에는 글의 내용이나 그림에 답이 나와 있는 사실 질문 위주로 간단하게 만들다가 상상 질문이나 적용 질문으로 점차 수준을 높인다. 이러한 질문은 상대방에게 스토리텔링을 할 때 소통하는 도구가 된다.

7. 거울 보면서 혼자 연습하기

처음 거울을 보면서 연습하게 된 이유는 나의 이야기를 듣게 될 아이들에게 공감하기 위해서였다. 거울은 내가 어떤 표정을 짓고 있는지, 내가 말하고 있는 것과 아이들이 보는 그림이 일치하는지, 질문할 때 자연스럽게 손가락으로 짚어 힌트를 제공하고 있는지 파악하기에 좋았다. 영어는 남을 많이 의식하고 실수할까 두려워서 다른 사람들 앞에서 바로 스토리텔링 하기는 절대 쉽지 않다. 그래서 누군가 나의 이야기를 들어주는 대상이 있다고 상상하며 책의 내용을 알려주고 질문하는 연습을 혼자 먼저 하는 것이다. 나처럼 거울로 연습을 하든 인형이나 사진 속 인물 혹은 스마트폰을 세워 두고 그것을 바라보며 연습하면 된다.

8. 사람들 앞에서 스토리텔링 하기

연습한 스토리텔링을 실제로 사람들 앞에서 시연해본다. 사람들의 눈을 마주쳐가며 직접 시연을 하다 보면 자신감과 성취감이 저절로 든다. 그래서 분기마다 한 번씩은 초등 아이들과 영어 동화책 스토리텔링 경연대회를 열었고 많은 아이가 참여하도록 독려했다. 나도 직업 때문이기는 하지만 일주일에 두 번 이상 유아들에게 영어로만 스토리텔링을 들려줬고, 그때 아이들이 내 이야기 속에 쏙 빠져들어 집중하고 재미있어하는 모습을 보며 더 많은 영어학습에 대한 동기부여와 보람을 느낄 수 있었다.

그림이나 사진을 이용한 스토리텔링

그림이나 사진은 내 마음대로 이야기를 만들어 문장 연습 훈련하기에 좋은 교구이다. 이는 상상력을 기를 수 있고 이야기에 쓰일 문장 하나하나를 고민하며 선택함으로써 영어 어순, 시제, 문법, 어휘력, 표현 등도 익힐 수 있다. 무엇보다 아이들이 지어내는 이야기는 정해진 틀이 없고 자유롭다 보니 엉뚱하거나 웃긴 이야기들도 있지만 재미있다.

내가 아이들과 그림이나 사진으로 스토리텔링을 하던 방법은 다음과 같다.

1. 단순한 그림 고르기

그림의 내용이 명확하지 않은 것, 배경이나 인물이 복잡하고 많은 것은 피한다. 아이 스스로 문장을 만들어야 하므로 복잡한 것은 자칫 부담될 수 있다. 그림은 그림책의 그림만 스캔하거나 잉글리쉬 플러스(http://www.englishplus.co.kr) 수업자료실에서 그림 묘사하기, 'Tell Tale', '스토리 큐브'라는 보드게임 등을 활용하면 된다.

2. 그림을 관찰하며 떠오르는 단어 모두 적기

만약 영어 단어가 생각나지 않으면 검색해도 좋고 짝과 상의해도 된다.

3. 그림에서 주인공을 골라 그와 관련된 단어를 모으고 문장 형식(주어+동사+목적어, 보어, 부사구)에 맞도록 순서대로 나열하여 문장 만들기

만약 한 아이가 공부하고 있는 장면이 있다면, ①아이(주인공), ②주인공이 하는 동작, ③어떤 과목인지, ④어디서 하는지, ⑤언제 하는지 등을 순서대로 쓴다.

예시) The boy studies math in the classroom on the first day of
    school.

4. 문장을 다른 형태 즉 의문문, 과거형, 미래형 등으로 바꾸거 나 구, 절, 접속사, 다른 단어 등을 추가하며 문장 풍성하게 만들기

보통 의사소통을 할 때 문장은 짧고 간결한 것이 좋다고 하지만, 나는 외국어로서 영어를 배우는 과정에서는 최대한 길고 자세하게 상황을 묘사하듯이 문장 만들기 연습을 해야 한다고 생각한다. 문 장을 길게 만들어보는 경험은 글쓰기 실력을 향상할 뿐 아니라 다 양한 문장으로 활용하는 방법도 익히도록 하기 때문이다. 이때 교 사는 아이가 만든 문장을 질문으로 피드백해 줘야 한다. 그래야 문 장 확장이 손쉽게 일어난다.

예시) The boy studies math in the classroom on the first day of
    school.
    – Do you know that boy? Today is his first day of school in
     4th grade. He decided to study hard during his math class,
     because his parents told him 4th grade math will be difficult.

5. 내가 만든 문장을 여러 번 읽고 암기하고 그림을 보여 주며 발표하기

그림을 여러 개 준비하여 그림을 마음대로 골라가며 즉흥적으로 문장을 만들어 말하거나 짝과 그림을 번갈아서 선택하며 문장 잇기를 해도 재미있다.

예시(스토리 큐브)

When I came back home after school, I couldn't go inside. Because the door was locked. Sadly I had lots of homework that day. So I should find a place to stay. I went to the tree around my house to wait for my mom. While I was doing my homework under the tree, suddenly an apple fell down in front of me. I was very surprised but soon I thought I was very lucky. Thanks to the apple I could wait a long time without being hungry.

영어 소설책
작가 되기

영어 소설책
출판 프로젝트

 하브루타 교육사 자격 과정을 진행하며 만난 출판사 대표님 덕에 큰아이가 중학교 때 쓴 한글 소설이 책으로 출판되었다. 그 일을 계기로 말주변 없고 조용한 내 아이에게 아름다운 이야기를 만드는 재능이 있다는 사실을 알게 되었다. 뿐만 아니라 자존감이 낮던 큰아이는 책을 출판한 이후로 자신감을 회복했다. 친구, 동생들과 노력해서 성취해낸 결과가 분명하기 때문이었다.

그때부터 나에게도 꿈이 생겼다.

'내 학생들과 영어 소설책을 출판해 보고 싶다!'

사실 나는 내 꿈이 다른 사람들에게 어떻게 들릴지 몰랐다. 선언과 동시에 주변에서 말리는 사람들이 생겨났다. 그들이 공통으로 충고하던 말이 "외국에서 살아본 적도 없는 아이들의 실력으로는 불가능할 것이다"였다. 때문에 나는 당시 가르치던 아이들에게 직접 의견을 묻기로 했다. 그리고 긴 토론 끝에 영어 소설책 쓰기 프로젝트를 무작정 시작하기로 했다. 남들이 아니라고 해도 우리가 사례를 만들면 되니까!

그렇게 우리의 무모한 도전이 시작되었다. 당시 어학원에 근무하고 있다 보니 내가 맡았던 반만 따로 할 수가 없어 참여할 학생을 공개 모집해야 했다. 모집된 아이들의 레벨은 천차만별이었다. 겨우 파닉스를 뗀 아이나 영작 실력은 턱없이 부족하지만 엄마의 간곡한 부탁으로 합류하게 된 아이들도 있었다.

프로젝트를 시작하고 약 석 달 정도는 매주 새로운 챕터 북을 읽고 배경, 인물, 서론, 본론, 결론 등의 줄거리를 정리해 스토리 맵을 작성하고 상상하는 글쓰기 연습을 했다. 이후 다섯 달 동안 아이들이 직접 이야기를 만들었다.

이렇게 열 달 정도 매주 토요일을 반납한 끝에 11명의 아이와 무사히 프로젝트를 마무리할 수 있었다. 어렵게 프로젝트를 마친 결과 영어 소설책 쓰기를 위해서는 두 가지 요소를 기본적으로 갖추고 있어야 한다는 것을 깨달았다. 첫째, 아이 스스로 글을 쓰고자 하는 동기가 있어야 한다. 둘째, 기본적인 영어 문법을 알고 간단하게라도 스스로 영작할 수 있어야 한다.

프로젝트를 지도하던 나로서는 정해진 시간 안에 다양한 레벨의 아이들을 통솔하는 일이 참 힘들었지만 참여했던 아이들의 영작 실력은 눈에 띄게 성장했다. 그리고 또 한 번 더 글을 써보고 싶다는 아이들이 생겨났다.

영어 소설책 쓰기 실천 1.
상상하는 글쓰기 연습

우선 알아둬야 할 점이 있다. 아이들이 처음 완성한 글은 대단한 작품이 아니라 사건을 설명하거나 나열하는 정도에 불과한 상태일 것이다. 때문에 글을 쓰고 나면 반드시 그 글을 바탕으로 1:1 하브루타를 해야 한다. 질문을 주고받은 정도에 따라 문장 표현력이 확연히 달라지니 적절한 질문을 하도록 하자.

① 기존 그림책을 이용해 이야기 만들기

삽화는 상상할 수 있는 여지를 주어 창의적인 사고를 돕는다. 상상력은 이야기를 만드는 데 가장 중요한 요소이기 때문에 그림을 활용한 이야기 만들기 연습이 필수적이다. 영어 소설책 쓰기를 하던 당시 나는 그림 한 장을 스캔해 아이들에게 나눠주며 이 그림을 보지 못하는 친구에게 설명하듯 자세히 묘사해 적어보라고 했다. 그다음에는 인물을 하나 정해서 이 인물이 어떤 감정을 느끼고 있는지, 무슨 일을 하는지, 이 인물에게 어떤 일이 일어날지 상상해 적어보라고 했다. 아이들의 상상 이야기를 표현해볼 그림책으로는 글이 없는 앤서니 브라운의 그림책이나 데이비드 위스너David Wiesner의 《이상한 화요일Tuesday》, 《1999년 6월 29일June 29,1999》, 《Free Fall》, 에런 베커Aaron Becker의 《머나먼 여행Journey》, 《비밀의 문Quest》, 《끝없는 여행Return》, 에릭 팬Eric Fan의 《바다와 하늘이 만나다Ocean Meets Sky》 등을 추천한다.

② 인물 묘사하기

자기 주변의 인물을 한 명 골라 자세히 묘사하는 글을 써보는 것이다. 자신이 고른 인물의 키, 나이, 생김새, 성격, 좋아하는 것과 싫어하는 것, 장단점, 말투 등을 묘사하고 다른 사람이 이를 보고 어떤 사람을 묘사한 것인지 찾아낼 수 있도록 한다.

③ 대화 만들기

인터넷에 'Comic worksheet'을 검색하면 다양한 대화문을 적을 수 있는 만화 형식의 활동지를 찾을 수 있다. 이를 활용해 상황을 제시해주고 인물들이 나눌 대화를 적어본다.

④ 뉴스나 신문 기사 쓰기

자신을 기자라고 가정하여 어떤 사건을 다루면 다른 사람들의 이목을 끌 수 있는지 상상하며 글을 쓴다. 기사문에는 사건의 발생 경위, 인물, 장소, 시간 등이 구체적으로 언급될 수 있도록 하며, 사건과 관련된 사람들과의 가상 인터뷰를 상상해서 적으면 더욱 풍성한 글을 완성할 수 있다.

⑤ 감정 표현하기

좋았던 순간, 지루하고 힘들었던 순간, 최악의 순간, 당황했던 순간을 떠올리며 내 앞에 앉아 있는 누군가에게 내 감정을 그대로 전달한다는 기분으로 글을 쓴다. 덧붙여 당시에 어떤 상황이 벌어졌는지, 어떤 대화를 주고받았는지, 그런 감정으로 인해 어떤 행동을 했는지 등도 상세하게 적는다.

영어 소설책 쓰기 실천 2.
본격적인 소설 쓰기

① 배경 정하기

각자 쓸 이야기의 배경은 복불복으로 정했다. 아이들과 장소와 시간에 대해 자유롭게 브레인스토밍brainstorming(자유로운 토론으로 창조적인 아이디어를 끌어내는 일)하여 단어를 선정하고, 칠판에 선을 그어 가로에는 장소(산, 바다, 하늘, 사막, 얼음, 땅속, 동굴, 성, 우리 집, 도서관, 정원, 들판, 나무, 절벽 등)를 적고, 세로에는 시간(새벽, 아침, 점심, 저녁, 깊은 밤, 과거, 현재, 미래 등)을 적어둔다. 그리고 주사위 두 개를 던져서 나온 숫자에 맞춰 장소와 시간을 배경으로 정한다. 주인공은 자기 자신으로 하고 배경에 맞춰 이야기를 만든다.

시간	장소	1	2	3	4	5	6	7	8	9	10	11	12
		산	바다	하늘	사막	얼음	땅속	동굴	성	집	도서관	정원	절벽
1	새벽												
2	아침												
3	점심												

4	저녁								
5	깊은밤								
6	과거								
7	현재								
8	미래								
9	학교 마치고								
10	주중								
11	주말								
12	방학								

② 등장인물 만들기

이야기에 등장하는 인물은 마인드맵처럼 여러 가지의 상위 개념에서 하위 개념으로 분류하며 구상한다. 등장인물이 꼭 사람일 필요는 없다. 다만 괴물이나 동물을 등장시키더라도 사람처럼 생각하며 모든 특징을 꼼꼼하게 기록해야 한다. 상상하는 글쓰기 연습 ②에서 했던 것처럼 자세히 기록하되 특징, 아끼는 것, 능력, 세계관 등을 더욱 구체적으로 생각해야 한다.

③ 주제 정하기

쓰려는 이야기의 주제를 미리 정한다. 일상, 우정, 가족, 동물, 성장 등 어떤 것을 주제로 할 것인지 미리 정해두고 글을 쓰는 것이 좋다. 주제는 글에서 말하고자 하는 중심 생각으로 글의 내용을 하나로 모아주는 역할을 한다. 아이들은 상상력이 풍부해 다양한 이야기를 담은 창의적인 글을 쓸 수 있지만 책은 자신이 아닌 독자가 읽는 것이다. 때문에 독자가 한눈에 이해할 수 있도록 통일성을 갖춰야 한다.

④ 시점 정하기

어떤 관점으로 글을 쓰느냐에 따라서 글의 방향이 달라지기 때문에 시점을 정해두어야 한다. 내가 주인공이 되어 이야기를 전개하는 1인칭을 사용할 것인지, 내가 아닌 다른 사람으로서 3인칭으로 이야기를 전개할 것인지 정하는 것이다. 또한 글을 쓰는 내가 등장인물의 심리나 주관적인 감정까지 다 알고 묘사하는 전지적 관찰자 시점에서 쓸 것인지, 단순히 행동이나 대사를 통한 관찰자 시점에서 쓸 것인지도 정해야 한다.

⑤ 플롯 꾸미기

플롯Plot은 이야기의 구성을 말한다. 글의 논리적인 전개를 위해 적재적소에 인물을 배치하고, 알맞은 배경을 정하고 사건의 순서를 정리하는 것이다. 보통 소설을 쓸 때는 구성을 5단계로 나눈다. 익히 아는 발단 → 전개 → 위기 → 절정 → 결말이 그것이다.

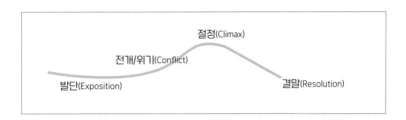

아이들에게 플롯의 중요성을 설명하기 위해서, 독자가 이야기에 좀 더 집중할 수 있도록 소설을 쓰기 전에 먼저 이야기 산을 만들 것이라고 했다. 소설 쓰기를 산을 넘어가는 것과 비교하는 것이다. 초입에는 등장인물과 배경을 소개하며 이야기의 중심이 되는 사건을 만든다. 산에 올라가면서 이 사건으로 인해 발생하는 갈등을 보여주고, 산꼭대기 부분에서는 갈등이 극에 달한 상황을 보여 준다. 그리고 점차 산에서 내려오며 인물들이 갈등을 어떻게 해결했는지 알려주는 방식으로 글을 쓰는 것이다.

플롯 없이 무작정 쓰다 보면 진행 방향이 틀어져 생각한 것과는 다른 이야기가 쓰게 될 수도 있고, 인물, 배경 등의 요소가 계속 변하며 일관성 없는 글을 쓰게 될 수도 있다. 그러니 단계마다 몇 줄씩이라도 정리해 두어 이야기가 아무렇게나 흘러가지 않도록 하자.

⑥ 복선 정하기

복선은 앞으로 전개될 사건을 미리 짐작하게 하는 것을 말한다. 즉 어떤 사건이 우연히 일어난 것이 아니라 정해진 원인이 있다는 것을 알려주기 위한 단서이다. 이는 뒤에 일어날 사건에 대한 추측을 가능하게 하여 읽는 재미를 더한다.

⑦ 전체적인 줄거리와 결말 장면 쓰기

플롯을 통해 이야기를 구조화시켜 두었어도, 막상 글을 자세하게 쓰다 보면 의도와는 다르게 전개되거나 급하게 마무리되는 경우가 있다. 이는 나도 아이들의 소설책 쓰기를 코칭하면서 겪은 일인데, 보통 시작 부분은 공들여 쓰다가 중간 부분부터 갈피를 잃고 이상하게 마무리되곤 했다. 그래서 제안한 것이 결말을 포함한 전체적인 줄거리를 먼저 상세하게 써둔 뒤에 글을 쓰는 방법이었다. 전체적인 줄거리를 상세하게 써두면 글을 거의 다 완성했다는 성취감도 줄 수 있어서 글쓰기에 대한 부담이 줄어든다.

⑧ 그림 그리듯 묘사하기와 대사 넣기

이야기를 한 장면, 한 장면씩 쪼개 살을 붙이는 과정이다. 이야기를 좀 더 입체적으로 전달하기 위해 대사를 활용하여 인물의 성격이나 장면을 묘사한다. 이때 질문을 사용하면 더욱 효과적이고 쉽게 내용을 전달할 수 있다.

⑨ 퇴고하기

초고를 완성한 뒤에는 반드시 처음부터 끝까지 읽어보고 문법적
으로 어색하거나 수정할 부분이 있으면 고쳐 쓰도록 한다. 다 쓴 글
은 꼭 다시 읽어봐야 한다. 쓸 때는 어색하지 않았는데 직접 읽다
보면 자연스럽지 않은 문장을 발견하기 마련이다.

아이들이 스스로 퇴고를 끝내면 나와 함께 다시 읽어보고 하브
루타를 하며 수정했다. 이렇게 아이들과 2차 퇴고까지 끝내고 최종
적으로 원어민 친구에게 감수를 부탁했다. 책은 출판 후에 평생 기
록으로 남기에 걱정되었기 때문이다. 그렇게 2018년 10월 아이들
이 만든 영어 소설책은 무사히 출간되었다.

탐정 모니카 《Detective Monica》
강태경

평소 추리소설 읽는 것과 영어책 읽기도 좋아한다. '항상 누군가가 지어준 책만 읽다가, 내가 직접 탐정소설을 적으면 어떨까'라는 생각에 쓰게 됐다. 《Detective Monica》는 영어책이지만 아주 쉽게 읽을 수 있는 책이라서 비슷한 또래 친구들이 많이 읽고 같이 공감할 수 있을 것이다.

책을 좋아하는 사람이라면 누구나 한 번쯤 읽어봤을 법한 추리소설. 복잡하게 얽힌 사건들을 하나하나 풀어가며 답을 찾아가는 즐거움. 초등학생의 시각으로 문제를 풀어보며 사건을 해결함으로써 추리소설을 쉽게 접할 수 있다. 또한, 어려운 일을 해결하며 느낄 수 있는 성취감! 친구에 대한 애틋한 마음! 단연 읽는 이의 마음을 뿌듯하고 따뜻하게 만들어 주는 책이다.

책의 모험 《The Adventures Of Jack》
김나현

어렸을 때부터 영어를 배워왔고, 무엇보다 책 읽기를 좋아해서 이번 영어책 쓰기 프로젝트에 기꺼이 동참했다. 평소 좋아하는 장르인 판타지로 영어책 쓰기를 하게 됐다. 또한, 어른이든 아이들이든 누구나 영어를 못한다고 해도 쉽게 읽을 수 있도록 최대한 어려운 표현들은 빼고 적었다.

이 책의 주인공은 특이하게 쥐이다. 똑똑하지만 친구에게 받은 상처로 인해 새로운 친구를 절대로 사귀지 않겠다고 장담하는 쥐. 덩치 크고 무섭게 생겨서 다른 쥐들이 멀리하는 쥐. 그리고 쥐를 무서워하는 고양이…. 절대로 친구가 되기 힘든 캐릭터들이 어느 날 예상치 못한 곳으로 갑자기 여행을 떠나게 된다. 자신들이 원하지 않는 어려운 상황에 부닥치자 서로를 탓하며 원망하기도 하지만, 사건을 해결해가며 한 발짝 물러나 서로에 대해 생각을 할 수 있게 되면서 이 시대를 살아가는 어른들이 잊지 말아야 할 아이들의 순수함을 느껴볼 수 있다.

헬로! 아로 《Hello! Arrow》	
	서정연
	동물을 좋아하여 수의사라는 꿈을 가지게 되었고, 이 책에도 귀여운 동물 캐릭터를 등장시켰다. 또한 학교생활을 하면서 무엇보다 친구들과의 관계가 중요하다고 생각했다. 이 책에서는 따돌림이 없는 행복한 학교가 되었으면 좋겠다는 바람과 좋아하는 판타지를 섞어 아주 신비롭고 마법 같은 이야기를 펼쳤다. 이 세상에서 절대 일어날 수 없는 재미있고 환상적인 판타지 세계가 펼쳐진다! 아로는 신학기가 되어 마음이 설레지만, 새로운 친구들과 잘 어울리지 못하고 따돌림을 당한다. 슬픔에 빠져 있던 그때, 우연히 아로에게 희망과 용기를 주는 모험이 다가온다. 신비의 문을 통해 진정한 친구를 찾아가는 아로, 그녀에게 과연 무슨 일이 일어날까?

루시드 드림 《Lucid Dream》	
	김예진
	언젠간, 나만의 책을 만들고 싶다는 생각을 항상 가지고 있었는데 뜻밖에 이 프로젝트에 참여하게 되어 이렇게 책을 써보게 되었다. 이 경험은 아주 특별한 경험이라고 생각한다. 지금은 엄청난 숙제와 공부의 양에 스트레스를 받고 우울하게 살고 있지만, 자신의 꿈인 미술이 너무나 하고 싶은 발랄한 소녀, 조이! 하지만 그녀의 부모님은 그녀가 힘들어질까 미술을 반대한다. 다가오는 미술대회에서 우승한다는 조건으로 그녀의 엄마와 계약한다. 하지만 대회 당일, 자기보다 그림을 잘 그리는 친구들이 많았고 두려워진 조이는 자신의 꿈을 이루기 위해 영혼을 팔고 비밀스러운 남자와 계약을 하고 만다. 결국, 조이는 우승을 하지만, 약속했던 12시가 다가왔고 어둠의 세계로 끌려가는데…. 두려움이 가득하고 경비원이 가득한 그곳에서 조이는 무사히 탈출하여 꿈을 이룰 수 있을까?!

우리의 세계《This is Our World》

김민후, 박현도, 윤민혁, 이영민, 정건영

5명의 꼬마 작가, 상상 속 이야기와 대면하다.
단군신화부터 조선까지 소중한 우리나라 역사기행과 우리 조상의 신기한 이야기부터 마법사처럼 요술도 부리고 괴물과 싸워 이기는 상상 속 용감한 나! 게다가 밤새도록 친구 또는 가족과 이야기 나누며 노래 부르고, 탐험도 떠나는 모험의 나라! 내가 상상했던 모든 것이 책 속에서 실현되는 생각 나래 모음 책이다.

게임《Games》

김세진, 정현우

한 번쯤 상상에서만 그쳤던 놀라운 이야기들이 눈앞에서 펼쳐진다.
모든 아이가 좋아하는 게임 속 세상이 현실이 되어 돌아왔다.
게임을 무척 좋아하는 지극히 평범한 초등 3학년 두 친구의 일상적인 이야기와 게임 속 캐릭터들이 만났다. 과연 누가 승좌를 거머쥘 것인가?
이 책은 아이들의 기발한 상상력에서 시작된다. 무시무시한 모험 속에서 절대로 용기를 잃지 않고 친구와 함께 문제를 해결해나가며 자신감을 느끼게 되고, 또 그 속에서 누구나 고민하는 이익과 선에 대해 선택함으로써 세상에서 중요한 것이 무엇인지 스스로 알아나가는 아이들의 성장 이야기가 녹아있다. 단연 책을 읽는 내내 재미와 마음을 뿌듯하고 따뜻하게 만들어 줄 것이다.

중국 심천
메이커 페어 도전기

중국 메이커 페어에
도전장을 내다!

아이들은 내가 꿈꾸고 도전할 수 있게 해주는 원동력이다. 나는
내 아이들이 무슨 책이든 읽고 아무나 만나서 하브루타로 토론하
는 적극적인 아이가 되길 원하지만, 내 기대와 다르게 사람들이 많
은 곳이나 낯선 곳은 심할 정도로 꺼리는 내성적이고 소극적인 성
향임을 알았다. 게다가 소심한 성격 탓에 자신감도 약했다. 그러니

무언가 새로운 일에 도전한다거나 무엇을 잘하고 싶다는 욕심을 갖길 바라는 것부터가 하늘의 별 따기만큼 어려운 일이었다.

하지만 아이의 이런 성향 덕분에 아이를 더 주의 깊게 관찰할 수 있었고 자신감을 키울 하나의 방법으로 아이들이 좋아하는 친구들과 즐겁게 하브루타 하는 기회를 만들었다.

작은 아이와 친구들은 매주 금요일 저녁마다 모여서 책을 읽고 하브루타 독서 토론을 한다. 어느 날은 왕따를 주제로 대화를 나누면서 서로에게 서운했던 일을 털어놓게 되었는데, 한 친구의 고백으로 의도치 않게 다른 사람의 기분을 상하게 할 수도 있다는 것을 알게 되었다. 며칠 전 한 친구가 다른 친구랑 이야기하면서 지나가다가 맞은편에서 오는 친구를 미처 발견하지 못하고 인사도 없이 지나가 버린 것이다.

우리는 '어떻게 하면 이런 사소한 오해를 받을 만한 상황을 만들지 않을 수 있을까?'를 계속해서 고민했다. 그리고 논의 끝에 길을 가다가 아는 사람을 만나면 자동으로 인사를 해주는 'Greeting Machine'이라는 기계를 만드는 것이 좋겠다는 이야기를 나눴다. 이 이야기를 들은 남편이 창작품을 전시하고 소개할 수 있는 메이커 페어에 대해 알려주었고, 덕분에 아이들의 기대감은 한껏 부풀어 올랐다. 영어도 연습해볼 겸 세계에서는 두 번째, 아시아 최대 규모인 중국 심천 메이커 페어에 참여해 보기로 한 것이다.

먼저 각자 가장 잘하는 일을 나눠서 하도록 업무를 분담했다. 제품을 디자인할 사람, 기술적으로 자문하여 만들 사람, 제품의 사용법과 기능을 그림으로 그리고 영어로 적을 사람, 현지에서 영어로 제품 안내를 할 사람, 홍보물을 만들 사람 등을 정했다.

물론 처음부터 모든 계획이 순조로운 것은 아니었다. 메이커 페어 참가 프로젝트를 진행하던 중 적극적으로 아이디어를 내고 팀을 이끌던 아이들이 빠지게 되자 문제가 발생했다. 남아있던 아이 중에는 리더가 되어줄 아이가 없었고, 격주에 한 번 있는 모임에서도 할 일을 정해주지 않으면 방황하는 일이 생겼다. 가끔은 진전 없이 그냥 실컷 놀다 가는 날도 있었다.

그러나 이대로 마냥 손을 놓고 있을 수는 없을 것 같아 아이들과 마음을 다잡기로 했다. 누군가 나서서 해결해 주길 바라지 말고 능동적으로 나서기로 약속했다. 우선 영어 연습을 시작했다. 창작품에 대한 설명을 한국말로 적어 영어로 번역하고 스피치 연습을 했다. 자연스러운 문장이 되도록 계속 글을 고쳐가며 외우고, 이 아이디어를 처음 접한 방문객 관점에서 궁금한 점을 질문하는 역할극도 했다. 스스로 꼼꼼하게 준비한 덕분에 아이들의 자신감은 조금씩 높아졌다. 그리고 자신감을 회복한 아이들은 'Greeting Machine'을 만드는 데에도 적극적으로 참여하기 시작했다.

지속 개발 가능한 아이디어 작품에 주는 상, 블루리본

약 6개월간 차근히 준비한 끝에 우리는 중국 심천 메이커 페어에서 부스를 운영할 수 있게 되어 중국으로 떠났다. 호락호락한 도전은 아니었다. 창작품을 행사장까지 직접 들고 가야 했는데 비행기에서 허무하게 부서져 버린 것이다. 늦은 밤에 숙소에 도착했고, 바로 다음 날 아침 일찍 부스를 오픈해야 했다. 당장 새로 제작해야 하는데 재료를 사러 갈 시간도 없었다. 나도 어찌할 바를 몰라 발만 동동 구르고 있는데 아이들의 눈빛이 달라지기 시작했다. 마냥 어리게만 보이던 아이들이 스스로 해결하겠다고 나선 것이다.

그날 밤 아이들은 모여서 하브루타를 하기 시작했다. 비록 최악의 상황이지만, 아이들은 포기하지 않고 지금 가진 재료는 무엇인지, 어떻게 하면 최대한 괜찮은 결과물을 낼 수 있을지 논의했다. 깊은 새벽이 되어서야 방으로 돌아온 작은 아이는 무어라 중얼거리고 있었다. 내일 방문객이 오면 그들에게 창작품을 영어로 소개하는 것이 자신의 역할이라고 했다. 아이들은 각자 역할을 나누고 훌륭하게 내일을 준비하고 있었다. 나는 아이가 너무 기특해서 꽉 껴안아 주었다.

다음 날 메이커 페어에 도착한 아이들은 누구보다도 행사를 즐기고 있었다. 비록 다른 부스의 작품들에 비하면 무척 엉성했다. 하지만 어젯밤 열심히 만든 'Greeting Machine'을 적극적으로 소개했을 뿐만 아니라, 부스를 마무리할 시간쯤 그날 참석한 메이커들이 모여 퍼레이드를 할 때 즐겁게 따라다니더니 나중엔 앞장서기 시작했다. 메이커 페어 행사장은 한국에서 온 초등학생들의 웃음소리로 가득 찼다.

성공적으로 부스 운영을 마치고 한국으로 돌아왔을 때 아이들은 '이제 우린 무엇이든 할 수 있고, 앞으로 뭐든 더 멋지게 해낼 것이다'라는 자신감으로 고양되어 있었다. 그리고 이틀 뒤 중국으로부터 소식이 들려왔다. 아이들의 창작품이 중국 심천 메이커 페어 전문위원들이 뽑은 지속 개발할 만한 아이디어 창작품에 선정되어

블루리본을 2개 받게 된 것이다.

상상도 못 한 결과에 모두 놀랐다. 상은 그리 중요한 것이 아니었다. 중요한 것은 아이들이 끝까지 포기하지 않고 진정으로 즐길 줄 아는 진정한 하브루타 메이커가 되었다는 사실이다.

글을 마치여

교육의 본질은 지식을 습득하는 것이 아니라 사고하는 법을 훈련하는 것이다.
— 알베르트 아인슈타인Albert Einstein

하브루타는 단순히 외우는 것이 아니라 하고 싶은 말을 끊임없이 입으로 연습하는 방식으로 영어 실력을 발전시킨다. 영어독서 하브루타를 하면 단어 하나, 문장 하나도 소홀히 하는 법이 없다.

왜 이런 단어를 사용했는지 궁금해지고, 스스로 궁금한 점을 탐구하게 되면 하나를 말하더라도 실수 없이 정확하게 쓸 수 있게 된다. 알게 된 개념을 응용해 짝과 놀면서 자연스럽게 반복하니 오래 기억하게 되고 결국 내 것처럼 익히게 된다. 게다가 작가의 작품을 읽고 토론을 하면서 생각하는 힘, 발표력, 자신감도 기르며 짝과 함께 성장할 수 있다.

하브루타를 하면 할수록 기대감이 커진다. 강요하거나 가르치지 않아도 아이들 스스로 성장하는 모습을 내 눈으로 확인할 수 있으니 즐겁다. 게다가 부모와 아이의 관계도 가까워지고 내 아이를 이해하는 데 도움이 되어 부모로서도 뿌듯함이 있다.

또 어떤 꿈을 꾸게 될지, 아이들의 손을 잡고 무엇에 도전하게 될지 알 수 없지만 오늘도 여전히 변함없이 영어책을 읽고 생각하고 하브루타 한다.

전 세계에서 자신의 끼와 능력을 마음껏 펼치며 활동할 아이들의 모습을 기대하면서…….

영어교육 하브루타의
실제적 결과를 집대성한 책

이 책의 저자는 우리 교육의 발전을 위한 핵심적 방안으로 하브루타가 소개된 이후 비교적 초창기에 하브루타를 접하게 됐고, 그 시기에 만났기 때문에 필자는 저자가 겪어 온 하브루타 교육 여정을 누구보다 잘 아는 사람 중 하나이다.

하브루타를 시작하는 데는 대부분 세 가지의 경우가 있다. 자녀 교육을 위한 경우, 학교 교육과 사회교육의 교수자로서 학습자의 교육을 위한 경우 그리고 두 가지가 다 포함되는 경우이다. 저자는 사회교육 분야에서 영어교육에 종사하므로 마지막 경우에 속한다. 그런데 하브루타 교육을 시작한 가장 큰 이유는 딸 때문이었다. 저자 본인의 표현처럼 딸은 '아픈 손가락'이었다. 또래와는 달리 내성적이고, 비표현적이고, 소극적인 경향이 컸기 때문이다. 이런 경우 일반적으로 부모들은 자녀가 남과 다르다는 불안감을 느끼고 집착하게 된다. 아이들을 비롯한 모든 인간은 일반화할 수 없는 각자의 특성이 있고, 고유한 잠재력이 있어서 그것이 발현될 때까지 집착과 불안을 버려야 한다고 조언했지만 쉽게 받아들이지 못했던 것으로 기억한다. 그런데 자녀와의 하브루타를 통해서 그것이 엄마의 기우였음이 확인되었다. 누구보다 표현 욕구가 강하고 그 내용이 평이하지 않은 수준이라는 잠재력을 발견했기 때문이다. 그 결과 모녀가 하브루타를 통한 3개월간의 노력 끝에 《벚꽃 전쟁》이라는 책이 출간된다. 중학생이 제 생각을 책으로 출간했다는 예사롭지 않은 경험을 갖게 한 것이다. 지금은 고등한생인 딸이 가장 좋아하는 미술에 열중하여 지역 교육 관련 기관들로부터 미술평론대회 특선과 그림 그리기 대회 대상을 수상하며 목표를 이루어 가고 있다. 아들 역시 지속적인 하브루타를 통해 초등학생 때부터 대학에서 주최한 발명대회에서 동상을 수상했고, '한국로봇자격 검정사업단'의 '로봇 마스터 2급' 자격을 취득하는 등 창의적 잠재력이 발현되고 있다.

　하브루타를 통한 이런 성과는 자녀뿐 아니라 저자가 하브루타로 가르치는 학습자들에게서도 나타나고 있다. 저자가 관리하는 어학원의 초등학생 11명이 7개월의 노력 끝에 6권의 영어 동화책을 출간한 것이다. 기존의 영어 동화책을 교재로 사용하는 교육방법과 달리 아이들 스스로 생각하여 동화를 창작하고 그것을 영어로 표현한 것이다. 아마 그 경험과 성취감은 평생 큰 영향을 미칠 것이다.

어학원의 모든 교육도 하브루타가 기본이다. 일정 시간 동안 각자 자기 주도로 학습하고 자체 평가를 거쳐 다양하게 개발된 자료를 가지고 신나게 그룹 놀이로 진행된다. 야외에서 일반인을 대상으로 하는 '프리마켓' 행사도 판매 물품을 선정하는 계획단계부터 준비, 시행, 결과평가까지의 전 과정을 영어로 진행한다.

이러한 학습 과정들이 매끈한 영어문장이나 문법보다 훨씬 중요한 창의적 발상과 효율적 소통능력을 체득시키는 가장 효율적인 영어학습이 되는 것이다.

하브루타는 1:1 짝 토론을 통해 자기 주도 학습을 극대화하여 고등사고력을 기르는 최고의 방법이다. 그리고 학습할 분야나 주제에 대한 목표가 분명해야 하고, 학습자의 특성과 수준에 맞게 진행하는 것이 본질이다. 그래야 성과가 나타나게 된다.

하브루타가 확산하며 본질에서 벗어나 오도되거나 과포장되는 경향이 적지 않다. 그러한 하브루타는 결코 원하는 수준의 성과를 달성할 수 없다.

그런 면에서 볼 때 저자가 시행해 온 하브루타 교육은 앞에서 몇 가지의 실제 사례를 언급한 것처럼 실질적 성과가 대단히 크다. 하브루타 교육의 본질에 충실했기 때문이다.

이 책은 이론부터 적용방법에 이르기까지 저자가 하브루타를 접한 이후 끊임없이 지속해 온 연구와 시행착오 그리고 대안을 찾아 소기의 성과를 창출해 온 과정의 집대성이다. 따라서 영어교육의 새로운 방향이 될 것으로 기대한다. 아울러 비단 영어 분야뿐 아니라 아이들을 교육하고, 아이들 스스로 학습해야 할 모든 분야에 큰 도움이 될 것으로 확신한다.

2021년 1월

하브루타교육협회 이사장 Ph.D. 이일우

12년간 영어 공부를 했는데
우리는 왜 영어 한마디 자유롭게 할 수 없을까?
우리는 왜, 그 많은 시간을 낭비했을까?

아스라한 내 기억에도 영어는, 혼자 많은 양의 단어를 외워야 하고 무조건 받아들여야 하는 문법이 재미없고 힘들고 부담스러운 과목이었다. 혼자 외우고 시험을 보는 경쟁에 시달리는 공부 방법이 결국은 시험에 좋은 성적을 내기 위한 과목으로 전락한 것이다.

그렇다면 우리가 해왔던 방법의 반대로만 하면 영어 공부에 성공할 수 있지 않을까?

누군가와 같이, 재미있게, 소통하고, 이해하며 서로 물어보는 과정에 흥미를 느낀다면 영어는 즐거운 학습이 될 수 있다고 생각한다. 그게 바로 하브루타 방식의 영어 공부법이다.

하브루타 교육이 우리나라에 씨앗을 심은 지 10여 년이 되어간다. 공부는 혼자 하며 경쟁하는 과정이 아니라 서로 도와주며 서로가 스승이 되는 개념이라는 것을 공교육과 사회교육 그리고 부모교육을 통해서 전하고자 꾸준히 노력해오고 있다. 그 결과 많은 교육 기관들이 변하기 시작되었고, 부모님들의 의식 또한 많은 변화가 일고 있어서 상당히 고무적이다.

게다가 하브루타 교육에 관련된 책들과 연구가 다양하게 진행되고 있어서 감사하게 생각하고 우리 교육의 밝은 미래를 내다보게 된다. 이 책《영어 하브루타 공부법》의 저자는 하브루타 부모교육 연구소 콘텐츠개발 팀장과 메타인지 교육협회 선임연구원으로 누구보다 하브루타 교육 연구에 앞장서서 노력하고, 특히 영어 하브루타 교육만큼은 질적인 연구가 가장 앞선다.

저자의 책 출간이 어떤 책보다 반가운 이유다. 영어 때문에 힘들어하는 아이들과 성인들을 위한 하브루타 교육의 지침서가 될 것이다. 우리 사회가 건강하게 발전하려면 협업과 나눔의 학습방법이 어려서부터 몸에 익숙해지도록 체화되는 과정이 있어야 한다. 이런 훈련들이 나를 발전시키고 나아가 집단지성의 힘이 발휘되는 것이다.

교육하고 계시는 일선의 교육자분들과 부모님들의 많은 관심과 필독을 권하고 싶다. 한 권의 책이 나의 인생의 변화를 이끌고 우리 아이의 인생을 바꾸기도 한다. 쉽지 않은 영역 연구를 해온 저자에게 큰 박수를 보내며 감사하다는 마음을 전하고 싶다.

하브루타 부모교육연구소 소장
메타인지 교육협회 이사장 김금선

memo

memo

영어 하브루타 공부법

초판 1쇄 발행 2021년 1월 22일

지은이 오혜승
발행인 곽철식
펴낸곳 다온북스

책임편집 김나연
인쇄 영신사
디자인 강수진

출판등록 2011년 8월 18일 제311-2011-44호
주소 서울 마포구 토정로 222, 한국출판콘텐츠센터 313호
전화 02-332-4972 팩스 02-332-4872
전자우편 daonb@naver.com

ISBN 979-11-90149-52-5 03370

• 다온북스는 독자 여러분의 아이디어와 원고 투고를 기다리고 있습니다.
  책으로 만들고자 하는 기획이나 원고가 있다면, 언제든 다온북스의 문을 두드려 주세요.